THE DAWN OF AMERICAN AUTHORITARIANISM

한서진

박영사

서문: 1년이 10년처럼 느껴질 때, 낯선 미국의 초상화

2025년 1월 20일, 도널드 트럼프가 미국의 제47대 대통령으로 재취임했다. 그로부터 12개월이 지난 지금, 세계는 그 누구도 예상하지 못한 격변을 겪고 있다.

미국은 더 이상 우리가 알던 그 나라가 아니다. 한때 자유민주주의 질서를 수호하던 미국은 이제 오직 자국의 이익만을 최우선으로 삼는 국가로 변모했다. 민주주의의 근간이라 믿었던 법치와 삼권분립은 'MAGA(Make America Great Again)'라는 거대한 슬로건 아래 무력화되었고, 대통령의 의지가 곧 법이 되는 제왕적 통치가 현실이 되었다.

그러나 이것은 단순히 한 정치인의 일탈이 아니다. 어쩌면 지금 미국은 1945년 이전의 본래 모습으로 되돌아가고 있는 것인지도 모른다.

팍스 아메리카나(Pax Americana)의 보호 아래 성장한 우리 세대에게 미국은 특별한 의미를 지녔다. 미국은 경제·군사적 초강대국을 넘어 민주주의와 인권, 법치라는 보편적 가치를 수호하는 나라였다. 과학과 기술 혁신의 선구자이자, 문화와 예술로 세계를 감동시킨 주인공이었다. 그리고 누구나 노력하면 꿈을 이룰 수 있다는 '아메리칸 드림'의 무대였다.

우리는 이 찬란한 미국의 모습을 마치 변하지 않는 상수처럼 받아들여 왔다. 그렇기에 지금 눈앞에 펼쳐지는 트럼프의 미국은 우리에게 깊은 상실감과 슬픔을 안겨줄 수밖에 없다.

하지만 냉철하게 역사를 한번 되돌아보자. 우리가 지난 80년 동안 당연하게 여겨온 미국의 모습은 사실 역사적으로 보기 드문 예외적 현상(Historical Exception)이었음을 알 수 있다. 건국 이래 미국의 본모습은 철저히 자국의 이익을 중심으로 움직이는 국가였다. 1898년 스페인-미국 전쟁을 두고 존 헤이(John Hay) 국무장관이 이를 "훌륭한 작은 전쟁(Splendid Little War)"이라 부르며 제국주의적 야심을 드러낸 모습이야말로, 실로 미국의 본질을 단적으로 보여주는 대표적인 사례라 할 수 있다.

오늘날의 미국은 결코 낯선 존재가 아니다. 단지 잠들어 있던 '제국주의적 본능(Imperialist Instinct)'이 다시 깨어난 것뿐이다. 이 책은 도널드 트럼프가 어떻게 미국을 1945년 이전의 모습으로 되돌리고 있는지, 그 회귀의 과정을 총 5부에 걸쳐 추적한다.

제1부: 보이지 않는 세계의 작동 원리

지난 80년간 미국 사회를 지탱해 온 것은 사실(Fact)과 논리(Logic)에 기반한 계몽주의 사상이었다. 민주주의는 이성적인 시민들이 합리적인 토론을 통해 최선의 결정을 내린다는 믿음 위에 세워졌다. 그러나 트럼프의 등장은 이러한 믿음이 얼마나 취약한 환상이었는지를 여실히 드러냈다.

1945년 이전의 미국은 사실(Fact)보다 신념(Belief)이, 논리(Logic)보다 감정(Emotion)이 지배했던 시대였다. 트럼프 대통령은 19세기 정치가들이 사용했던 오래된 무기를 다시 꺼내 들었다. 사실과 논리를 공격하는 대신, 인간 심리 깊숙이 자리한 두려움과 정체성, 소속감에 대한 열망을 건드렸다. 그리고 그 아래 잠재해 있던 애국심, 민족주의, 백인 우월주의, 그리고 '힘이 곧 정의다'라는 신념을 다시 일깨워줬다.

제1부에서는 미국이 어떻게 계몽주의 질서에서 벗어나 다시 신념과 감정이 지배하는 시대로 돌아가고 있는지를 살펴본다.

제2부: 권력의 새로운 얼굴들 - 누가 이 시대를 움직이는가

19세기 말 미국은 소수 자본가들이 막대한 부를 바탕으로 정치를 좌지우지하던 시대였다. 의회는 그들의 이익을 대변했고, 대통령은 그들의 조언을 구했다. 민주주의는 형식만 남았고, 국가 기관은 그들의 사적 이익을 관리하는 도구로 전락했다. 역사가들은 이 시대를 '도금시대(Gilded Age)'라 부른다.

2025년, 미국은 또 한 번의 도금시대를 맞이하고 있다. 다만 이번에는 석유왕 대신 억만장자 대통령이, 철도 재벌 대신 테크 기업들이, 그리고 그들 뒤에는 강력한 정치적 동원력을 가진 복음주의 세력이 자리하고 있다.

제2부는 트럼프의 권력을 떠받치는 세 개의 기둥을 분석한다.

첫째는 억만장자 대통령 자신이다. 그의 사고방식은 어떻게 작동하며, 왜 세상의 모든 것이 그에게는 하나의 거래(Deal)로 보이는가를 살펴본다.

둘째는 테크 과두제(Tech Oligarchy)다. 일론 머스크와 피터 틸 같은 실리콘밸리 엘리트가 왜 트럼프와 손을 잡았는지, 그리고 그들이 말하는 '기술 유토피아'가 실제로 무엇을 의미하는지를 파헤친다.

셋째는 복음주의 세력이다. 이들은 무슨 이유로 도덕적 결함이 많은 트럼프를 '하나님이 선택한 도구'로 해석하고 정당화하는지를 종교적인 관점에서 분석한다.

이 세 세력의 결합은 단순한 정치적 동맹이 아니다. 이것은 돈, 기술, 신념이라는 근대 권력의 삼위일체가 어떻게 트럼프 대통령에게 유례없는 힘을 부여했는지를 보여준다. 이것은 새로운 권력 구조의 탄생이자, 민주주의가 다시 한번 형식으로 전락하는 시작점이라 할 수 있다.

제3부: 트럼프 2.0 권위주의의 서막

"짐이 곧 국가다(L'état, c'est moi)." 루이 14세가 남긴 이 말은 군주의 의지가 곧 법으로 이어지는 체제를 의미한다. 2025년의 미국에서 이 문장은 더 이상 역사책 속 문구가 아니다.

삼권분립에 기초한 견제와 균형은 미국이 건국 당시 영국 조지 3세의 권력 남용에 맞서 세운 공화국의 핵심 원칙이었다. 그러나 트럼프의 재집권 이후 이 원칙은 점차 약화되고 있다. 제3부에서는 이 정교한 견제 장치가 어떻게 서서히 무너지고 있는지를 살펴본다.

반복된 '비상사태(National Emergency)' 선포는 법치주의의 정상적인 기능을 마비시키고 있다. 이어지는 무수한 행정명령(Executive Orders)은 대통령의 권한을 비정상적인 수준으로 확장시켰다. 국가방위군과 ICE(미국 이민관세 집행국)는 대통령 개인의 정치적 의지를 수행하는 사병에 가까운 존재로 변질되었고, 민주주의의 최후 보루라 할 수 있는 사법부는 '그림자 심의(Shadow Docket)'라는 비정상적 절차를 통해 행정부의 권력 확장에 사실상 동조하고 있다.

여기에 인공지능(AI)을 활용한 선전 전략이 토론의 장을 무너뜨리고 있다. AI는 상대방의 비판을 조롱과 유머로 희화화하고, 대중의 관심을 다른 곳으로 돌리며, 반대 세력에 대한 공감을 차단하는 도구로 활용되고 있다.

이 모든 것은 단순한 정책 변화가 아니다. 19세기 미국 대통령들은 전쟁 권한, 영토 확장, 원주민 정책 등에서 거의 제왕에 가까운 권한을 행사했다. 트럼프는 그 시대의 권력 모델을 21세기에서 부활시키고 있다. 더 우려스러운 점은 이 변화가 겉보기에는 모두 합법적인 절차 안에서 진행되고 있다는 사실이다. 독재 체제가 항상 폭력적 혁명에서 비롯되는 것은 아니다. 때로는 제도의 점진적 약화와 민주적 장치의 내부적 잠식이 비슷한 결과를 초래할 수 있다.

제4부: 국가의 생존 전략

제2차 세계대전 이후 미국은 규칙(Rules)에 기반한 국제질서를 설계했다. 동맹은 신뢰에 기반했고, 무역은 상호 이익을 추구했으며, 외교는 공동의 가치를 옹호했다. 적어도 명분상으로는 그랬다.

그러나 트럼프는 이 모든 위선을 벗겨냈다. 그에게 동맹은 용병계약이고, 무역은 제로섬 게임이며, 외교는 힘과 거래가 오가는 장(場)일 뿐이다. 냉소적이지만, 어쩌면 이것이 국제 정치의 본질일지도 모른다. 세계는 다시 힘과 국익이 지배하는 현실주의(Realism) 시대로 돌아가고 있다.

제4부는 이러한 냉혹한 국제 무대 속에서 대한민국이 취해야 할 생존 전략을 다룬다. 이제 더 이상 데이터와 논리만으로는 충분하지 않다. 우리는 트럼프가 사용하는 언어, 즉 감정, 정체성, 내러티브(Narrative)를 이해하고, 그것을 우리의 외교·통상 전략에 어떻게 반영해 활용할 것인지를 고민해야 한다.

제5부: 신념이 현실을 지배할 때

무엇이 미국인들로 하여금 트럼프가 던지는 메시지에 열광하게 만드는가?

이 질문에 답하지 못한다면, 우리는 트럼프 현상을 결코 온전히 이해할 수 없다. 우리는 그의 정책을 분석하고, 전략을 해부했다. 그러나 정책과 전략은 결과일 뿐이다. 진짜 원인은 훨씬 깊은 곳, 그와 그의 지지자들이 마음속에 품고 있는 '신념(Belief)'에 있다.

제5부에서는 표면 너머, 신념의 세계로 들어간다. 2025년 9월 찰리 커크(Charlie Kirk)의 암살은 단순한 비극적 사건으로 끝나지 않았다. 트럼프는 이를 '순교(Martyr)'라는 강력한 서사로 재구성했고, 그 과정에서 MAGA 운동은 단순한 정치 활동을 넘어 '신성한 대의'로 승격되었다. 이 사건은 신념이 어떻게 현실을 재구성하고, 비극이 어떻게 권력의 도구로 활용될 수 있는지를 보여주는 섬뜩한 사례다.

그러나 여기에서 멈출 수는 없다. 우리는 더 깊이 들어가야 한다. 트럼프 자신은 무엇을 믿는가? 그의 가장 깊은 두려움은 무엇인가? 그는 왜 '승자(Winner)'라는 정체성에 그토록 집착하는가?

제5부의 마지막 장에서는 트럼프라는 인물의 내면 깊숙한 곳을 살펴본다. 2024년 7월 펜실베이니아 버틀러 유세 현장에서 벌어진 암살 미수 사건은, 그로 하여금 자신이 '하나님으로부터 선택받았다'라는 믿음을 확신하는 결정적 계기가 되었다. 이 믿음이 어떻게 그의 정치, 언어, 그리고 미국의 미래를 뒤바꾸고 있는지를 알아본다.

이 책은 어느 전문가의 정책 분석서가 아니다. 미국을 사랑하고 존경하는 한 사람으로서 안타까운 마음에 저자의 생각을 적었을 뿐이다.

이 책은 냉철한 분석과 따뜻한 공감을 동시에 담으려 했다. 트럼프 현상을 단순히 비난하거나 옹호하는 대신, 그것이 어떻게 작동하는지, 왜 수천만 명이 그에게 매료되는지, 그리고 우리는 어떤 시선과 마음으로 트럼프를 바라봐야 하는지를 탐구하고자 했다.

무엇보다 그의 모습 속에서 우리는 그동안 외면해 온 우리 자신의 본모습과 마주하게 될지도 모른다. 성공하고 싶은 열망, 인정받고 싶은 욕망, 남을 지배하고 싶은 야망. 우리는 교육과 훈계를 통해 겸손과 양보가 미덕이라고 배우며 살아왔지만, 돈과 권력이 걸린 순간만큼은 이 욕망들이 우리를 얼마나 쉽게 유혹하는지를 깨닫게 된다. 그런 의미에서 트럼프라는 인물은 단순한 정치 지도자를 넘어, 우리가 애써 외면해 온 인간 본성의 모습이라 할 수 있다.

이 책은 그 복잡한 마음의 풍경을 담아내며, 낯선 미국의 모습을 바라보는 창이자 동시에 우리 자신의 내면을 비출 수 있는 거울이 되기를 바란다.

2025년 12월

한서진

차례

제2부

권력의 새로운 얼굴들 - 누가 이 시대를 움직이는가

제3부

트럼프 2.0 권위주의의 서막

제4부

국가의 생존 전략

제5부

신념이 현실을 지배할 때

PART 01

보이지 않는 세계의 작동 원리

도널드 트럼프 대통령의 등장 이후, 사실(Fact)은 힘을 잃고 논리(Logic)는 조롱당했다. 사람들은 같은 현상을 목격하면서도 전혀 다른 현실을 말했고, 명백한 증거 앞에서도 자신의 신념에 맞게 현실을 왜곡했다.

하지만 이 현상은 한 명의 강력한 인물이 만들어낸 것이 아니다. 그는 단지 인간 정신에 내재한 취약점을 누구보다 먼저 간파하고, 그것을 전략적으로 무기화했을 뿐이다.

제1부에서는 바로 그 심리적 취약점을 파헤친다. 우리는 어떻게 감정에 흔들리고, 집단에 예속되며, 교묘하게 설계된 프레임 안에 갇히는지를 분석한다.

이는 현실이 재창조되는 현 시대의 작동 방식을 이해하고, 스스로의 생각과 판단을 지켜내기 위한 첫걸음이다.

CHAPTER 1

마스터 설득가, 트럼프는 어떻게 논리를 지배하는가

현실이 두 갈래로 갈라지던 날

2016년 11월, 세계는 거대한 충격에 빠졌다. 저명한 정치 분석가, 여론조사 기관, 언론 매체 대다수가 힐러리 클린턴의 승리를 확신했지만, 결과는 정반대였다. 부동산 재벌이자 리얼리티 TV쇼 스타였던 도널드 트럼프가 미국의 대통령으로 당선된 것이다. 모두가 물었다. "어떻게 이런 일이 가능했는가?"

이 질문에 대한 가장 날카로운 통찰은 정치 평론가가 아닌, 만화 『딜버트』의 작가 **스콧 애덤스**(Scott Adams)에게서 나왔다.[1] 그는 선거 초기부터 트럼프의 승리를 예견했다. 그의 무기는 정치 분석이 아닌, '훈련된 최면술사'의 관점이었다.

애덤스는 세상은 두 개의 층으로 이루어져 있다고 주장했다. 하나는 통계, 정책, 합리적 근거로 이루어진 **'이성의 영역'**이고, 다른 하

1) Scott Adams, *Win Bigly: Persuasion in a World Where Facts Don't Matter* (New York: Penguin Random House, 2017).

나는 인간의 감정, 편향, 비합리적 신념이 지배하는 '**감성의 영역**'이다. 전문가들이 데이터로 구성된 현실에만 집중할 때, 트럼프는 인간의 직감과 본능을 정확히 파고들어 대중을 설득했다. 인간은 논리적으로 판단한다고 믿지만, 실제로는 감정에 따라 먼저 결정하고 나중에 그럴듯한 이유를 덧붙이는 존재라는 것을 간파했던 것이다.

2016년 대선 이후, 미국 사회는 마치 두 개의 평행 세계처럼 나뉘었다. 같은 현상을 보고도 한쪽은 희망을, 다른 한쪽은 절망을 이야기했다. 사람들은 각자 머릿속에서 완전히 다른 현실을 상영하고 있었다. 트럼프가 어떻게 그들의 현실을 재창조했는지를 이해하는 것이 바로 그의 설득력의 비밀을 푸는 첫 번째 열쇠다.

수면 아래의 거대한 힘: 사실(Fact)은 왜 무력한가?

인간 심리의 심층을 움직이는 두 가지 강력한 조류가 있다. 이 힘을 이해하면, 왜 완벽한 논리와 명백한 사실이 트럼프 앞에서 힘을 잃었는지 알 수 있다.

1. **인지 부조화**(Cognitive Dissonance): 인간은 자신의 신념과 사실(Fact)이 충돌할 때 발생하는 불편함을 견디지 못한다. 이 모순을 해소하기 위해 뇌는 무의식적으로 현실을 왜곡하거나 새로운 환상을 만들어낸다. 2016년, 트럼프의 승리를 예측하지 못했던 전문가들은 자신의 '똑똑하다'는 자아상을 지키기 위해 수십 가지의 '분석'이라는 환상을 만들어냈다. "러시아 개입 때문이야", "FBI 때문이야"와 같은 분석들은 사실 인지 부조화를 해소하려는 뇌의 방어기제에 가까웠다.

2. **확증 편향**(Confirmation Bias): 인간은 자신의 기존 신념을 지지하는 정보만 선택적으로 받아들이고, 반대되는 정보는 무시하는 경향이 있다. 트럼프 지지자와 반대자 모두 같은 뉴스를 보고도 정반대의 결론을 내렸다. **사실(Fact)은 각자의 신념이라는 필터를 거쳐 전혀 다른 현실(Reality)로 재창조되기 때문이다.**

이 현상을 명확히 보여주는 것이 바로 '맥거크 효과(McGurk effect)'다. 영상에서 소리는 '바(bah)'인데 입 모양은 '파(fa)'로 움직이자, 우리의 뇌는 소리를 '파'로 인지해버린다. 눈으로 보는 시각적 정보가 귀로 듣는 청각적 정보를 압도하는 순간이다.

트럼프의 설득 방식이 바로 이와 같다. 그는 지루한 정책 토론 대신, 더 강력하고 시각적인 이미지와 감정을 던진다. 사실과 이성은 논리적 차원의 언어일 뿐, 감정적 차원에서는 감정과 인식이 모든 것을 지배한다.

트럼프의 무기고: 재능 스택(Talent Stack)

트럼프의 설득력은 어느 한 가지 특별한 재능에서 나오는 것이 아니다. 여러 평범하거나 그 이상의 재능들이 결합되어 폭발적인 시너지를 내는 '재능 스택'에서 나온다.

재능 스택 (Talent Stack)	설명(Description)
홍보 (Publicity)	수십 년간 논란을 만들고 자신과 트럼프 브랜드에 관심을 끌어온 능력. 세계 최고의 홍보 전문가는 아니지만, 매우 뛰어남.
명성 (Reputation)	일을 '해내는' 사업가로서의 명성을 신중하게 구축. 새로운 분야에 진출할 때마다 그의 성공적인 이력은 사람들에게 낙관적인 기대를 심어주어 유리하게 작용함.
부(Wealth)	성공의 가장 확실한 시각적 증거. 그의 부는 '그가 무엇이든 할 수 있다'는 인식을 강화하며, 사람들은 성공한 사람의 조언을 더 신뢰하는 경향이 있음. 이는 그의 제안이나 주장에 권위를 부여하는 강력한 설득 도구로 작용함.
전략 (Strategy)	가장 똑똑한 전략가는 아닐지라도, 전략적 의사결정에 능숙함. 소셜 미디어를 전통적인 광고보다 더 활용하고, 경합 주에서 힐러리 클린턴보다 더 많이 유세하는 등 선거 기간 내내 견고한 전략을 보여줌.
협상 (Negotiating)	The Art of the Deal(1987)이라는 책을 공동 저술했을 정도로 협상에 대한 깊은 이해와 능력을 지님. 협상가로서의 명성은 상대방에게 무의식적인 '패배 허용'을 유도하기도 함.
설득 (Persuasion)	스콧 애덤스가 본 가장 뛰어난 설득가. 그의 설득력은 그의 전체 재능 스택과 연결되어 있으며, 설득 도구에 대한 그의 숙달은 평범하지 않음.
대중 연설 (Public Speaking)	재미있고 도발적인 대중 연설가. 세계 최고의 웅변가는 아니지만, 평균 이상이며 재능 스택에 충분히 기여함.
유머 감각 (Sense of Humor)	가장 강력한 설득 도구. 사람들을 웃게 만들고 더 똑똑하게 보이게 함. 전문 유머리스트만큼은 아니지만 충분히 유머러스함.

순발력(Quick on His Feet)	대중의 시선 속에서 침착하고 정신적으로 날카로운 모습을 유지하는 능력. 타고난 재능과 공인으로서의 오랜 연습이 결합되어 강력한 재능이 됨.
두꺼운 낯가죽(Thick Skinned)	비판에 대한 반격은 좋은 설득 전략. 비판에 초연한 것처럼 보이며, 평생 비판을 견뎌온 경험이 있음.
높은 에너지(High Energy)	인간의 뇌는 높은 에너지를 능력과 리더십으로 해석하는 경향이 있음. 트럼프는 타고난 높은 에너지를 가지고 있으며 이를 끊임없이 보여줌.
체격 및 외모(Size and Appearance)	키가 크고, 강인한 표정과 독특한 헤어스타일 등 눈에 띄는 외모를 가짐. 사람들은 무의식적으로 큰 체격의 남성을 지도자로 인식하는 경향이 있으며, 그의 외모는 그를 더 설득력 있게 만듦.
영리함(Smart)	평균 시민보다 훨씬 영리하며, 다양한 분야에서 깊은 경험을 가지고 있어 다방면으로 지능이 뛰어남.
나이(Age)	경험과 지혜의 상징으로 작용함. 70대라는 나이는 유권자들에게 안정감과 연륜을 느끼게 하는 한편, 경쟁자들(예: 힐러리, 바이든)과 비교될 때 그의 에너지를 더욱 돋보이게 만드는 대조 효과를 낳음. 이는 '나이에도 불구하고 이토록 활기차다'는 인식을 심어주어 그의 강인함을 부각함.

이 재능들은 각각 떼어놓고 보면 세계 최고가 아닐 수 있다. 하지만 이것들이 결합될 때, 합리성의 방패로는 도저히 막을 수 없는 강력한 설득 시스템이 완성된다. 그는 정책의 옳고 그름을 논하는 대신, '성공한 리더'라는 이미지를 통해 대중을 설득했던 것이다.

트럼프의 플레이북: 설득 스택(Persuasion Stack)

그렇다면 트럼프는 재능 스택을 이용해 어떻게 사람들의 감성의 영역을 공략했는가? 스콧 애덤스는 설득의 힘을 강도에 따라 계층화한 지도, '설득 스택'을 제시했다.

설득 스택 (Persuasion Stack)	설명(Description)
큰 두려움 (Big Fear)	가장 강력한 설득 형태. 개인적인 두려움, 시각적 요소가 있는 두려움, 직접 경험한 두려움이 더욱 강력함.
정체성 (Identity)	사람들은 자신이 속한 '부족'을 본능적으로 지지하는 경향이 있음. 성별, 민족, 나이, 부, 종교, 정치적 소속 등 다양한 정체성이 작용함.
작은 두려움 (Smaller Fear)	큰 두려움보다 약하지만 여전히 효과적임.
열망 (Aspirations)	사람들의 기존 열망에 자신의 스토리를 접목하는 것. 예를 들어, '미국을 다시 위대하게' 같은 구호는 국민의 열망에 호소함.
습관(Habit)	기존 습관에 새로운 행동을 연결하여 설득하는 것. 예측 불가능한 보상은 습관 형성에 더 효과적임.
유추 (Analogies)	새로운 개념을 설명하는 데는 좋지만, 설득에는 취약함. 부정적인 연상이 강한 유추는 효과적일 수 있으나, 논리적 설득력은 떨어짐.
이성(Reason)	감정이 개입되지 않은 사소한 결정(예: 물건 구매)에만 효과적임. 대부분의 중요한 결정은 감정적으로 이루어지며, 이성은 나중에 합리화를 위해 사용됨.

위선 (Hypocrisy)	상대방의 위선을 지적하는 것은 양측 모두를 부정적으로 보이게 함. '고지 점령술'을 사용하여 더 높은 차원의 논의로 전환하는 것이 효과적임.
단어 놀이 (Word–Playing)	단어의 정의를 조정하여 논쟁에서 이기려는 시도는 설득력이 가장 약하며, 신뢰도를 떨어뜨림.

이 지도를 보면 우리가 중요하게 여기는 '이성(Reason)'은 가장 미미하고 얕은 부분에 불과하다는 것을 알 수 있다. 반면 트럼프의 메시지는 항상 가장 깊고 강력한 힘, 즉 '큰 두려움'과 '정체성'을 직접 겨냥한다.

'국경 장벽'은 단순한 정책이 아니다. 이는 불법 이민과 범죄에 대한 '큰 두려움'을 자극하고, '안전한 미국'이라는 '정체성'에 호소하는 강력한 상징인 것이다. 그의 경쟁자들이 '이성'과 '단어 놀이'의 단계에서 싸우고 있을 때, 그는 이미 가장 깊은 차원에서 대중의 마음을 움직이고 있었다.

실전 분석: 모든 것을 보여준 '로지 오도넬'의 순간

트럼프가 이 모든 전략을 어떻게 실전에서 활용했는지 보여주는 완벽한 사례가 있다. 2015년 공화당 대선 토론회, 진행자 메긴 켈리가 그의 과거 여성 비하 발언을 문제 삼으며 공격했다.

메긴 켈리: "당신은 당신이 좋아하지 않는 여성들을 '살찐 돼지', '개', '게으름뱅이'라고 불렀습니다."

이것은 명백한 사실(Fact)에 기반한 공격이었다. 설득 스택의 가장 낮은 단계인 '위선'과 '이성'에 호소하는 방식이었다. 논리적으로 트럼프는 수세에 몰렸다. 하지만 그의 대답은 모두의 예상을 뛰어넘었다.

도널드 트럼프: "로지 오도넬에게만 그랬습니다."

청중은 환호하며 폭소했다. 이것은 완벽한 묘수였다. 그는 논리적 반박 대신, 공화당 지지자들이 공유하는 부정적 감정의 대상인 '로지 오도넬'이라는 시각적 이미지를 소환했다. 설득 스택의 최상위, '정체성'에 직접 말을 건 행위였다.

그리고 그는 논점 자체를 '정치적 올바름(Political Correctness)'이라는 더 큰 싸움으로 전환시키며 완벽한 승리를 거두었다.

트럼프의 설득력을 이해하는 것은 그의 정치를 지지하는 것과 다른 문제다. 이는 사실보다 감정, 논리보다 정체성이 더 강력한 힘을 발휘하는 시대의 작동 원리를 이해하는 것이다. 트럼프는 논리적 공방의 규칙을 파괴하고, 대중의 감성을 지배함으로써 백악관을 두 번이나 차지했다.

CHAPTER 2

조작된 마음, 우리는 왜 빠져드는가

지난 장에서 우리는 트럼프가 어떻게 '감성의 영역'에 속한 언어를 사용하여 대중을 설득했는지 분석했다. 그의 '재능 스택'과 '설득 스택'은 사실과 이성을 넘어 인간의 감정과 정체성을 직접 공략하는 강력한 무기다.

하지만 여기서 더 근본적인 질문이 남는다. 왜 인간은 이러한 설득에 그토록 취약한가? 어째서 우리의 이성은 명백한 사실(Fact) 앞에서도 집단의 압력, 권위의 명령, 교묘하게 설계된 프레임에 쉽게 자리를 내주는가?

그 답은 설득하는 사람의 기술에만 있지 않다. 답은 우리 정신에 내재된 취약점에 있다. 이 장에서는 바로 그 심리적 취약점들을 파헤치고, 그것을 이용하는 자들이 어떻게 대중을 지배하고 조종할 수 있는지 살펴볼 것이다.

이성의 착각: 실험실이 증명한 인간의 취약성

우리는 스스로를 합리적이고 독립적인 존재라고 믿고 싶어 한다. 하지만 수십 년간의 사회 심리학 연구는 그 믿음이 얼마나 위태로운 착각인지를 명백히 보여준다.

- **애쉬의 동조 실험**(Asch Conformity Experiments): 사람들은 명백히 틀린 답을 말하는 집단 속에서 자신의 눈을 의심하고 다수의 의견을 따랐다. **사회적 고립에 대한 두려움은 객관적 진실을 보는 능력마저 마비시킨다.** 객관적 사실은 사회적 소속감이라는 정체성 앞에서 힘을 잃는다.
- **밀그램 실험**(Milgram Experiment): 권위 있는 박사의 지시가 있자, 평범한 사람들은 비명을 지르는 상대방에게 치명적인 수준의 전기 충격을 가했다. 권위에 대한 맹목적인 복종 심리는 개인의 도덕적 판단을 정지시킨다.
- **스탠포드 감옥 실험**(Stanford Prison Experiment): '간수'와 '죄수'라는 역할이 주어지자, 평범한 대학생들은 불과 며칠 만에 잔인한 가학자와 무기력한 피해자로 돌변했다. 주어진 역할과 환경이 개인의 본성을 압도하고 재정의한 것이다.

이 실험들이 공통적으로 증명하는 것은 한 가지다. 인간의 정신은 고정된 실체가 아니라, 외부의 압력과 환경에 따라 끊임없이 변형되는 점토와 같다. 그리고 이 점토를 주무르는 체계적인 기술이 바로 '**정신 통제**(Mind Control)'이다.

현실 재구성의 3단계: 해빙, 변화, 재결빙

한 개인의 현실 인식을 완전히 바꾸는 과정은 혼란스럽게 보이지만, 심리학자 **에드거 샤인**(Edgar Schein)은 이를 '강압적 설득'이라는 3단계 모델로 명쾌하게 정리했다. 이는 한 사람의 세계관이 어떻게 무너지고 새로 세워지는지에 대한 설계도와 같다.

1. **해빙**(Unfreezing): **현실 감각의 해체**
   사람을 바꾸려면 먼저 그가 딛고 선 땅을 흔들어야 한다. 기존의 믿음, 가치관, 정보 출처에 대한 신뢰를 파괴하여 극심한 혼란과 불안 상태로 몰아넣는다. 주류 언론을 '가짜 뉴스'로, 전문가 집단을 '부패한 엘리트'로, 국가 시스템을 '조작된 것'으로 규정하는 전략이 바로 여기에 해당한다. 기존의 현실 인식 체계가 붕괴하면, 사람들은 새로운 지지대를 필사적으로 찾게 된다.
2. **변화**(Changing): **새로운 정체성의 주입**
   혼란에 빠진 개인에게 새로운 세계관과 정체성을 주입한다. '당신은 억압받아온 진정한 애국자'라는 새로운 정체성을 부여하고, '미국을 다시 위대하게'라는 공동의 목표를 제시하며, 이 모든 혼란을 해결할 유일한 구원자로서 리더를 내세운다. 지지자들은 이 새로운 내러티브(Narrative)를 통해 소속감과 안정감, 목적의식을 얻는다.
3. **재결빙**(Refreezing): **새로운 현실의 공고화**
   새롭게 주입된 정체성을 외부의 공격으로부터 보호하고 내부적으로 강화한다. 특정 뉴스 채널만 보도록 유도하고, 'MAGA', '그녀를 감옥에' 같은 내부 언어를 반복적으로 사용하며, 집단에 반하는 목소리를 '배신자'로 낙인찍는다. 이렇게 창조된 새로운 현실은 완벽히 굳어져, 더 이상 과거의 자아로 돌아갈 수 없게 된다.

정신 통제의 전술 지도: 리프턴, 싱어, 해산의 분석틀

'해빙-변화-재결빙'의 3단계가 정신 개조의 설계도라면, 구체적으로 어떤 '전술'이 사용될까?. 수십 년에 걸쳐 컬트(Cult)와 전체주의(Totalitarianism)를 연구한 선구자들은 정신 통제의 구체적인 기술을 식별하는 강력한 분석틀을 제시했다. 그중 **로버트 제이 리프턴**(Robert Jay Lifton), **마가렛 싱어**(Margaret Singer), **스티븐 하산**(Steven Hassan)의 모델은 현실 조작의 작동 방식을 이해하는 핵심적인 기준을 제공한다.

1. '세뇌'의 원형: 로버트 리프턴의 사상 개혁 8가지 기준

정신과 의사 로버트 제이 리프턴은 1950년대 중국의 **전체주의**(Totalitarianism) 환경에서 개인의 정신이 어떻게 체계적으로 파괴되고 재구성되는지를 연구했다. 그는 자신의 저서 **Thought Reform and the Psychology of Totalism** (1961)에서 대중적으로 '**세뇌**(Brainwashing)'라 알려진 '사상 개혁'의 8가지 기준을 제시했으며, 이는 오늘날에도 강력한 분석 도구로 사용된다.

- **환경 통제**(Milieu Control): 외부 세계와의 정보 소통을 완벽히 통제하여 집단 내부의 현실만을 유일한 진실로 믿게 만든다. 트

럼프가 주류 언론을 '가짜 뉴스'로 규정하고 지지자들에게 폭스 뉴스와 같은 특정 채널만 신뢰하도록 유도하는 것이 대표적인 예다.

- **신비적 조작**(Mystical Manipulation): 모든 경험을 리더의 신성하거나 초자연적인 계획의 일부인 것처럼 연출하고 조작한다. 트럼프가 "나만이 이 문제를 해결할 수 있다"고 주장하며 자신을 특별한 구원자처럼 포지셔닝하는 방식이 그 대표적인 예다.

  이는 2024년 7월의 암살 시도 이후 극적으로 강화되었다. 당시 그의 생존은 지지자들 사이에서 단순한 행운이나 경호의 성공이 아닌, '신성한 보호의 명백한 증거'로 포장되었다.

  또한 이 신비적 조작은 핵심 인물들을 순교자의 반열에 올린다. 2025년 9월, 터닝 포인트 USA의 설립자 **찰리 커크**(Charlie Kirk)가 사망하자, 트럼프는 즉시 그를 **'미국 자유를 위한 순교자(Martyr)'**로 칭하며 개인의 비극을 MAGA 운동을 위한 신성한 희생으로 전환시켰다. 이처럼 리더를 신격화하고 동맹의 죽음마저 신성한 서사로 엮어내는 것이 바로 신비적 조작의 핵심이다.

- **순수성 요구**(Demand for Purity): 세상을 '선과 악'의 흑백논리로 나누고, 구성원에게 절대적인 순수성을 요구하여 끊임없는 죄책감과 수치심을 유발한다.

  이 기준은 트럼프 행정부 1기와 2기에서 극명한 대조를 보인다. 1기 행정부의 특징은 불충하다고 여겨지는 인물들을 끊임없이 해고하는 '숙청'을 통한 검증이였다면, 2기 행정부는 사전에 충성심을 검증받은 인사들로만 내각과 행정부를 구성하여 '순수성에 대한 요구'가 사후 숙청에서 사전 선별로 진화하였다. 그 결과, 2기 행정부는 **비판이나 이견 자체가 거의 없는 환경** 속에 운영되고 있는 것을 볼 수 있다.

- **고백 강요**(Confession): 집단의 규칙에 어긋나는 모든 생각이나 행동을 고백하게 만들어 개인의 경계를 허물고 통제 수단으로 활용한다. 트럼프가 자신을 배신했다고 인지된 사람들을 잊지 않고 공격하는 방식은 이러한 통제 방식의 변형된 형태다.
- **신성한 과학**(Sacred Science): 집단의 이념을 절대적이고 과학적인 진리처럼 규정하고 어떠한 비판이나 의문도 허용하지 않는다. 트럼프가 기후 변화 같은 과학적 근거를 부정하고 자신의 주장을 절대적 진리로 내세우는 것이 대표적인 예다.
- **언어 조작**(Loading the Language): 복잡한 사고를 막고 집단 이념을 강화하는 단순한 구호나 유행어를 만들어낸다. '그녀를 가두자(Lock her up)', '벽을 세우자(Build the Wall)' 같은 슬로건은 비판적 사고를 차단하는 역할을 한다.
- **교리 우위**(Doctrine over Person): 개인의 경험이나 양심보다 집단의 교리가 항상 우위에 놓인다. **집단의 지시가 자신의 가치관과 충돌하더라도, 그것은 자신의 결함 때문이라고 믿게 만든다.**
- **존재 말살**(Dispensing of Existence): 집단에 속한 사람만이 존재할 가치가 있고, 비판자나 반대자는 존재할 권리가 없다고 규정한다. 트럼프가 이민자를 '동물'과 '범죄인'으로, 비판 언론을 '국민의 적'으로 칭하는 것은 외부 존재를 비인간화하는 위험한 징후다.

2. '과도한 영향력': 마가렛 싱어의 6가지 조건

컬트 전문가 마가렛 싱어는 개인의 독립적인 의사결정 능력을 파괴하는 '과도한 영향력'의 6가지 조건을 제시했다. **이는 세뇌가 어**

떻게 점진적으로 일상에 스며드는지를 보여준다.

1. **점진적인 변화:** 사람들은 자신이 서서히 변하고 있다는 사실조차 인지하지 못한다. 세뇌는 급작스럽게 일어나는 것이 아니라, 서서히 끓는 물 속의 개구리처럼 미묘하게 진행된다.
2. **환경 통제:** 개인의 시간과 사회적, 물리적 환경을 통제한다. 현대에는 스마트폰과 알고리즘, 특정 소셜 미디어를 통해 물리적 고립 없이도 정보 환경을 통제할 수 있다.
3. **무력감 조성:** "나만이 해결할 수 있다"는 메시지를 통해 지지자들이 스스로는 아무것도 할 수 없다고 느끼게 만들어 리더에게 모든 권한을 집중시킨다.
4. **이전 정체성 억압:** 집단에 합류하기 이전의 가치관이나 정체성을 버리도록 유도한다. 민주당 지지자였던 사람이 극단적인 공화당원으로 변모하는 사례들이 이에 해당한다.
5. **집단 이념 주입:** MAGA 모자 착용, 특정 구호 제창 등 집단이 승인하는 행동을 통해 소속감을 강화하고 이념을 내면화시킨다.
6. **폐쇄적 논리와 권위적 구조:** 리더 외에는 누구도 수정할 수 없는 폐쇄적인 논리 시스템을 만들어 외부의 비판이나 피드백을 원천적으로 차단한다.

3. 현대적 종합: 스티븐 해산의 BITE 모델

컬트 생존자이자 정신 건강 전문가인 스티븐 해산은 이러한 통제 기술들을 네 가지 핵심 영역으로 종합한 'BITE 모델'을 개발했다. 이는 특정 집단의 파괴성을 판단하는 실용적인 체크리스트 역할을 한다.

통제 영역 (Control Area)	설명(Description)	트럼프의 플레이북 (Trump's Playbook)
행동 통제 (Behavior Control)	개인의 시간, 환경, 인간관계 등 물리적 현실을 통제하여 집단에 대한 의존도를 높인다.	**충성심 테스트:** 자신에게 비판적인 인사를 공개적으로 모욕하고 축출하며 절대적인 충성을 요구한다. 집회와 소셜 미디어를 통해 지지자들의 시간을 점유하고 끊임없이 행동을 유도한다.
정보 통제 (Information Control)	외부 정보, 특히 비판적 정보로부터 구성원을 차단하고, 내부에서 가공된 정보만을 반복적으로 주입한다.	**'가짜 뉴스' 프레임:** 주류 언론 전체를 '국민의 적'으로 규정하고 신뢰도를 파괴한다. 폭스 뉴스, OAN 같은 우호 매체와 자신의 소셜 미디어(Truth Social)를 유일한 진실의 창구로 포지셔닝한다.
사고 통제 (Thought Control)	복잡한 현실을 '선과 악', '우리 대 그들'이라는 흑백 논리로 재단하고, 비판적 사고를 멈추게 하는 구호를 주입한다.	**사고 정지 구호:** '벽을 세워라', '늪을 청소하라' 같은 단순하고 선명한 구호는 복잡한 정책 토론을 불필요하게 만든다. '사기꾼 힐러리' 같은 별명은 상대에 대한 이성적 평가를 차단하고 즉각적인 낙인을 찍는다.
감정 통제 (Emotional Control)	특정 감정, 특히 공포심과 증오심을 극대화하여 이성적 판단을 마비시키고, 집단에 대한 정서적 예속을 강화한다.	**공포 마케팅:** "이민자들이 당신의 일자리를 빼앗고 당신의 딸을 위협한다"는 식의 메시지로 막연한 불안감을 실체적인 공포로 증폭시킨다. 지지자들은 리더를 자신들을 지켜줄 유일한 보호자로 인식하게 된다.

BITE 모델의 궁극적인 목표는 한 사람의 고유한 **'진정한 자아**(Authentic Self)'를 지우고, 그 자리에 리더에게 절대적으로 의존하고 복종하는 **'집단적 자아**(Group Self)'를 새로 새겨 넣는 것이다.

우리가 트럼프 현상에서 목격하는 것은 단순히 한 정치인의 뛰어난 설득 기술이 아니다. **그것은 인간 심리에 내재된 취약점을 정확히 파고들어, 수백만 명의 현실 인식을 재설계하는 거대한 사회 심리 실험과 같다.** 이 작동 원리를 이해하는 것은 특정 정치인을 넘어서, 사실이 무력화되고 신념이 지배하는 이 시대를 살아가는 우리 모두의 생존 과제와 직결된다.

PART 02

권력의 새로운 얼굴들 - 누가 이 시대를 움직이는가

CHAPTER 3: 억만장자 대통령(A Billionaire President)

CHAPTER 4: 신(新) 황금기: 테크 과두정치와 보이지 않는 설계자들

CHAPTER 5: 미국 복음주의 - 신념의 군대

지도자는 결코 홀로 움직이지 않는다. 그의 곁에는 막대한 부와 기술, 그리고 신념으로 무장한 새로운 권력 집단이 포진해 있다.

제2부는 트럼프의 권력을 지탱하는 세 개의 기둥 - 돈, 기술, 신념을 탐사한다. 세상을 제로섬(Zero-Sum) 게임으로 보는 억만장자의 두뇌, 현실을 재설계하는 테크 기업들의 알고리즘, 그리고 대중을 결집시키는 종교적 열망. 이 세 가지 힘이 어떻게 엮여 하나의 거대한 권력 네트워크를 형성하는지, 그 작동의 원리를 추적한다.

CHAPTER 3

억만장자 대통령 (A Billionaire President)

도널드 트럼프라는 인물은 현대 정치와 외교 무대에서 전례 없는 현상으로 자리 잡았다. 그의 예측 불가능한 협상 스타일과 대중을 움직이는 힘의 근원을 이해하기 위해서는 먼저 그가 살아온 삶을 짚어볼 필요가 있다.

트럼프는 '억만장자 사업가'다. 수십 년간 거대한 비즈니스 제국을 이끌며 형성된 그의 독특한 사고방식과 생존 전략은, 그가 세상을 보고 소통하며 거래하는 모든 방식의 근간을 이룬다. 이 장에서는 그의 억만장자로서의 정체성이 어떻게 그의 생각을 움직이고, 그것이 협상 테이블에서 구체적으로 어떻게 발현되는지를 심층적으로 분석한다.

억만장자의 뇌: 공감의 부재와 자기애

최근 사회 심리학 연구들은 막대한 부가 인간의 심리에 미치는 영향을 조명했다. 캘리포니아 버클리 대학의 **폴 피프**(Paul Piff) 교수의 연구에 따르면, 부유한 사람일수록 덜 관대하고, 공감 능력이 낮으며, 더 자기애적(Narcissistic) 경향을 보인다. 이는 협상 상대를 '상호 이익'의 파트너가 아닌, 자신의 승리를 위한 '도구'로 인식하게 만든다.

트럼프 자신의 저술에서도 이러한 사고방식은 명확히 드러난다. 그는 자신을 '킬러(Killer)'이자 '왕(King)'으로 여기는 강렬한 자아 인식을 보여주며, 아버지로부터 "너는 킬러다. 너는 왕이다"라는 말을 듣고 자란 경험이 자신의 흔들리지 않는 자신감의 원천이라고 밝힌다.

- **강한 자기 확신**: 자신의 직관과 능력에 대한 절대적인 믿음으로, 외부 조언이나 전통적 방식에 얽매이지 않는다.
- **공감 능력 저하**: 상대방의 입장이나 필요를 이해하기보다, '제로섬(Zero-Sum)' 게임의 관점에서 자신의 승리를 최우선으로 추구한다.
- **위험 감수 성향**: 실패에 대한 두려움이 적고, 불가능해 보이는 목표를 추구하며 상대를 극한으로 몰아붙이는 '치킨 게임'을 선호한다.
- **결과 중심적 사고**: 과정의 공정성이나 관계 형성보다 오직 '승리'라는 결과에만 모든 초점을 맞춘다.

'트럼프 브랜드' 제국: 협상의 숨겨진 동력

트럼프의 사고방식을 이해하는 또 다른 열쇠는 그의 비즈니스 제국이다. 그의 사업 핵심 동력은 부동산이나 골프장이 아닌, '도널드 트럼프'라는 브랜드 그 자체다. 그의 이름은 부동산을 넘어 소셜 미디어(Truth Social), 핀테크(Truth.Fi), 심지어 밈 코인($Trump memecoin)에 이르기까지 모든 사업의 중심축이다.

이 거대한 제국은 수많은 유한책임회사(LLC)로 얽혀 있어 자산 구조가 매우 복잡하고 불투명하다. 대통령으로서의 결정이 그의 사업 브랜드 가치에 직접적인 영향을 미칠 수 있으며, 이는 그의 협상 전략에 보이지 않는 동력으로 작용한다.

협상 테이블에서의 '트럼프식' 전략

그의 저서와 발언을 통해 드러난 협상 철학은 제1장에서 분석한 설득 스택의 원리가 비즈니스 현장에서 어떻게 구현되는지를 보여주는 완벽한 교본이다.

1. **'킬러'와 '왕'의 사고방식**: 이는 협상을 '이성(Reason)'의 영역이 아닌, '정체성(Identity)'의 싸움으로 규정하는 것이다. 승리 그 자체를 최고의 목표로 삼으며, 상대방을 압도하고 자신의 비전을 관철하는 데 주저함이 없다.
2. **'언더독(Underdog)' 전략의 역설**: "사람들이 당신을 가장 똑똑하다고 생각하게 하지 마라"라는 그의 말은, 유머(Humor)를

통해 상대방의 경계심을 낮추고 예측 불가능성을 극대화해 상대에게 심리적 혼란과 불확실성이라는 '작은 두려움(Smaller Fear)'을 유발하여 협상의 주도권을 가져오는 기술이다.

3. **디테일과 짧은 집중력의 공존:** 디테일에 대한 집착은 상대의 약점을 파고들기 위한 정보 수집 과정이며, 짧은 집중력은 장황한 논리를 거부하고 상황의 본질(누가 이기고 지는가)을 직관적으로 파악하려는 시도다.
4. **기술 불신과 직접 소통 선호:** "이메일은 나약한 사람들을 위한 것"이라는 그의 말은, 기록이 남는 공식적인 소통 방식을 거부하고, 흔적을 남기지 않으며 즉각적인 영향력을 행사할 수 있는 비공식적인 대면 및 전화 소통을 선호함을 보여준다. 2025년 9월 UN 총회 중 교통체증에 갇힌 마크롱 프랑스 대통령이 트럼프에게 직접 전화해 "당신 때문에 길이 막혀 꼼짝 못 하고 있다"고 농담을 건네며 상황을 해결한 일화는 이를 상징적으로 보여주는 사례이다.
5. **직관과 즉흥성:** "모든 결정을 연인처럼 대하라"는 조언은 협상에서 '이성'보다 감정적 판단과 직관을 우선시하는 그의 성향을 드러낸다. 이는 '설득 스택'에서 이성이 가장 약한 설득 도구라는 점과 정확히 일치한다.
6. **'지렛대(Leverage)'와 '떠날 준비':** 언제든 협상 테이블을 떠날 수 있다는 태도는 상대에게 '합의 결렬'이라는 **'큰 두려움**(Big Fear)'을 심어주는 가장 강력한 무기다.
7. **가족과 측근 중심의 신뢰:** "친구는 좋지만 가족이 더 낫다"는 그의 원칙은, 제2장에서 다룬 정신 통제 집단의 전형적인 특징인 '외부 세계에 대한 불신'과 '내부 결속 강화'를 비즈니스와 정치 영역에서 구현하는 방식이다. 이 비공식적 네트워크는 외부의 감시를 피하는 숨겨진 권력 채널로 사용된다.

새로운 외교 대본: '딜 메이커'를 상대하는 법

결론적으로, 억만장자 대통령과의 협상은 전통적인 외교 규칙(논리, 사실, 상호 이익)을 따르지 않는다. 그를 상대하기 위해서는 그의 언어, 즉 감성과 본능에 기반한 새로운 외교 대본이 필요하다.

1. **'딜'로서의 의제 설정:** 우리의 국익을 그의 '정체성'과 '열망(Aspirations)'에 연결시켜야 한다. 즉, 우리의 제안이 어떻게 그의 개인적인 '승리' 서사에 기여하고, 그의 브랜드 가치를 높이며, '미국을 다시 위대하게' 만드는 데 도움이 되는지를 설득해야 한다.
2. **비공식 소통 채널의 적극 활용:** 그의 핵심 측근 네트워크는 외부의 감시를 피하는 '환경 통제(Milieu Control)'의 축소판이다. 공식적인 채널을 넘어, 이 비공식적인 권력 핵심부와 소통하는 것이 필수적이다.
3. **유연하고 창의적인 대화 전략:** 그의 즉흥성은 상대에게 심리적 혼란을 주기 위한 계산된 전략일 수 있다. 정해진 외교 시나리오에 얽매이지 않고, 그의 즉흥적인 발언과 입장 변화에도 당황하지 않는 '여유'를 가져야 한다.
4. **'승리' 서사에 대한 공감:** 협상의 최종 목표는 문서상의 합의가 아니라, 그의 내면 세계 속에서 '이겼다'는 인식을 심어주는 것이다. 이는 그의 자존심을 만족시키는 동시에 우리가 원하는 실질적인 결과를 얻어내는 고도의 심리전이다.

트럼프를 이해하는 열쇠는 그를 '억만장자 사업가'로 인식하는 데 있다. 그의 모든 행동은 '승리'와 '브랜드 가치'라는 두 가지 목표를 향해 치밀하게 움직인다. 따라서 그를 상대하기 위해서는 논리나 명분을 내세우는 전통적인 접근법도 있지만, 그의 자존심을 만족시키는 새로운 외교 대본도 필요하다. 궁극적으로 그의 제로섬(Zero-Sum) 게임에서 이기는 유일한 방법은, 그가 스스로 승리했다고 믿게 만드는 것이다.

CHAPTER 4

신(新) 황금기: 테크 과두정치와 보이지 않는 설계자들

현대 정치 권력은 한 명의 강력한 지도자만으로 완성되지 않는다. 그의 영향력을 사회 전체로 증폭시킬 수 있는 거대한 증폭제가 필요하다.

도널드 트럼프의 정치적 영향력이 이처럼 강하고 광범위한 이유는, 그가 결코 홀로 움직이지 않기 때문이다. 그의 곁에는 막대한 부와 기술력을 자랑하는 새로운 권력 집단, '**테크 과두제**(Tech Oligarchy)'가 포진해 있다. 이들은 자신들이 통제하는 플랫폼을 매개체로 삼아, 트럼프의 '**정신 통제**(Mind Control)' 전술을 사회 전체로 확장시키는 핵심적인 역할을 수행한다.

따라서 트럼프와 이들의 연대는, 대중의 현실 인식을 재설계하려는 정치적 의지와 기술로 인류를 진화시키려는 테크 집단의 전례 없는 권력 구조를 의미한다. 이는 미국 사회의 '**해빙-변화-재결빙**'의 3단계 정신 개조 과정을 폭발적인 속도로 가속화하고 있다.

낯설지 않은 풍경, '신(新) 황금기'의 도래

현재 미국 사회는 19세기 말 철도와 철강 산업이 폭발적인 성장을 이루었던 '**도금 시대**(Gilded Age)'를 상기시킨다. 당시의 기술 혁명이 전례 없는 부의 집중과 극심한 사회적 불평등을 낳았듯, 지금은 정보 기술과 디지털 및 인공지능 혁명이 그 역할을 대신하고 있다. '창조적 파괴'는 소수의 거대 기업과 억만장자를 탄생시켰고, 사회는 양극화와 포퓰리즘, 그리고 외국인 혐오로 분열되었다.

트럼프 대통령이 그의 두 번째 취임식에서 '새로운 황금 시대(Golden Age)'를 약속했을 때, 그의 주변에는 미국 상장 기업 시가총액의 약 5분의 1을 차지하는 테크 억만장자들이 자리하고 있었다. 하지만 이는 19세기 도금 시대처럼 부호들이 정치를 이끄는 것과는 달랐다. 오히려 트럼프는 루이 14세처럼 절대 권력의 중심에 서고, 테크 거물들은 그의 의제를 뒷받침하는 막강한 지원 세력으로 자리매김한 것이다. 이는 곧, 트럼프의 의제를 막을 경제적 견제 장치가 사실상 사라졌음을 의미한다.

기술 과두제 인물 분석(2025년 기준)

인물	주요 사업 분야	트럼프 행정부와의 관계	주요 정책 영향
일론 머스크 (Elon Musk)	전기차(테슬라), 우주(스페이스X), AI(xAI), 소셜 미디어(X)	비공식 경제/기술 고문, 정부 효율성 부서(DOGE) 책임자. 2024년 최대 정치 기부자 중 한 명.	정부 계약 확대(스페이스X), AI 산업 육성 및 규제 완화, 전기차 보조금 정책 재검토.

제프 베조스 (Jeff Bezos)	전자상거래(아마존), 우주 기술(블루 오리진), 언론(워싱턴 포스트)	우주군 등 정부 계약 수주. 워싱턴 포스트를 통한 비판적 관계로 긴장감 유지.	반독점 규제 압박 완화, 우주 산업에 대한 정부 지원 확대.
피터 틸 (Peter Thiel)	핀테크, 빅데이터(팔란티어), 벤처 캐피탈	과거 트럼프 전환팀 멤버. 직접적 자금 지원보다 이념적 후원자 역할 강화. 팔란티어의 정부 계약 지속.	정부 기관의 데이터 활용 확대, 이민 정책 강화(ICE 기술 지원).
마크 저커버그 (Mark Zuckerberg)	소셜 미디어 (메타)	2024년 선거자금 직접 지원 중단 선언. 규제 완화를 위한 소극적 협력 관계.	소셜 미디어 규제 완화, 반독점 소송 압력 감소, 콘텐츠 모더레이션 정책에 대한 정치적 압박.
팀 쿡 (Tim Cook)	기술(애플)	반독점 및 관세 문제 해결을 위한 실무적 관계 유지.	반독점 규제 완화, 대중국 무역 및 관세 정책 협상.
순다르 피차이 (Sundar Pichai)	기술(알파벳/구글)	반독점 소송 관련 행정부와 소통. AI 정책 자문.	AI 규제 방향 설정, 반독점 조사 및 데이터 프라이버시 정책 완화.
샘 알트만 (Sam Altman)	인공지능 (OpenAI)	트럼프의 AI 정책에 대한 긍정적 평가. '스타게이트' AI 프로젝트 등 정부와의 협력 관계 구축.	AI 산업 규제 완화, 기술 개발에 대한 정부 지원 확대.

래리 엘리슨 (Larry Ellison)	소프트웨어 (오라클)	오랜 기간의 후원자이자 기술 자문 역할. 2024년 캠페인 지지 및 대규모 모금 행사 주최.	정부 클라우드 계약 수주, 국가 데이터 관리 정책에 대한 영향력 행사.
켄 그리핀 (Ken Griffin)	헤지펀드 (시타델)	공화당의 주요 기부자.	금융 규제 완화, 양도소득세 관련 정책.
스티븐 슈워츠먼 (Stephen Schwarzman)	사모펀드 (블랙스톤)	트럼프의 비공식 경제 자문. 공화당의 전통적인 거액 기부자.	기업 규제 완화, 부동산 및 금융 정책.
해럴드 G. 햄 (Harold G. Hamm)	화석 연료(콘티넨탈 리소스)	트럼프 에너지 정책 핵심 자문. '미국 우선 에너지 계획' 설계에 기여.	석유 및 가스 시추 확대, 환경 규제 철폐, 파리 기후 협약 탈퇴 유지.
하워드 루트닉 (Howard Lutnick)	금융 서비스(캔터 피츠제럴드)	상무부 장관. 전환팀 공동의장 및 주요 선거자금 모금책.	강력한 보호무역주의 및 관세 정책 집행, 암호화폐 등 신규 금융 산업 규제.

기술 구원론: 새로운 시대의 '신성한 과학'

그렇다면 테크 거물들은 왜 트럼프 대통령과 손을 잡은 것일까? 그 답은 '**가속**(Acceleration)' 이라는 한 단어에 있다. 이들에게 트럼프는 자신들의 기술 유토피아를 가로막는 낡은 규제, 워싱턴의 관료주의, 그리고 기존의 모든 사회적 질서를 파괴해 줄 가장 강력한 정치적 도구이다. 트럼프의 정치적 의제와 그들의 기술적 야망이 가진 공통점은 기존 세계를 무너뜨리고 새로운 세계를 건설하려는 '**파괴적 열망**(Destructive Aspiration)'이다.

이들 실리콘밸리 엘리트들의 행동 기저에는 '**기술 구원론**(Ideology of Technological Salvation)'이라는 거의 종교에 가까운 강력한 신념이 깔려 있다. 이는 단순한 사업적 목표를 넘어 인류의 운명을 기술로써 구원하고, 더 높은 차원으로 진화시켜야 한다는 사명감에 가깝다.

구체적 사상: 인류의 코드를 리팩토링하다

이들은 인공지능(AI), 우주 식민지화, 뉴럴 임플란트(Neuralink), 핵융합(Nuclear Fusion)과 같은 기술적 돌파구를 통해 인류가 겪는 질병, 전쟁, 빈곤, 심지어 죽음과 같은 근원적인 문제들을 해결할 수 있다고 굳게 믿는다. 이들에게 인류의 고통은 풀어야 할 버그이며, 사회는 최적화해야 할 시스템이다. 이러한 세계관은 다음과 같은 구체적인 사상으로 나타난다.

- **싱귤래리티**(Singularity): 인공지능이 인간의 지능을 초월하여 스스로 발전하는 기하급수적인 기술 폭발의 시점이다. 이들에게 싱귤래리티는 피할 수 없는 미래이자, 인류가 생물학적 한계를 벗어나 사실상 '신'이 되는 변곡점이다. 이 목표를 향한 과정에서 발생하는 모든 혼란은 필연적인 성장통으로 간주된다.
- **장기주의**(Longtermism): 현재 인류보다 미래에 존재할 무한한 잠재적 인류의 복지가 훨씬 더 중요하다는 윤리관이다. 이 관점에서 보면, 먼 미래의 인류에게 최상의 환경을 물려주기 위해서

라면 현재 세대의 불평등이나 사회적 갈등은 감수할 수 있는, 어쩌면 필요한 비용일 수 있다. 우주 개척이나 초지능 개발과 같은 거대 프로젝트는 바로 이 장기적 비전을 실현하기 위한 신성한 과업이 된다.

- **효율적 가속주의**(Effective Accelerationism): 기술 발전을 인위적으로 규제하거나 속도를 늦추려는 시도는 인류의 진보를 가로막는 행위이므로, 모든 수단을 동원해 기술 발전을 최대한 가속해야 한다는 급진적 신념이다. 이들은 AI 안전, 윤리 규제 등을 방해물로 간주하며, 기술이 모든 것을 해결할 것이라는 무한한 낙관론을 펼친다.

'신세계'의 구축: 유토피아를 위한 어쩔 수 없는 희생

이러한 신념 체계는 자신들의 기술이 가져올 사회적 부작용이나 윤리적 문제를 '기술 발전 과정의 불가피한 희생'으로 정당화하며 외면하게 만든다. 대규모 실업, 데이터 독점, 민주주의의 위기 등은 더 위대한 목표인 '인류 구원'을 위해 치러야 할 사소한 대가로 치부된다.

이는 '**확증 편향**(Confirmation Bias)'이 집단적, 극단적으로 작동하는 방식이다. 이들은 자신들의 신념을 지지하는 유토피아적 미래상(모든 질병이 정복되고, 무한한 에너지를 사용하며, 우주로 뻗어 나가는 인류)에만 집중하고, 그 과정에서 발생하는 현재의 문제점들은 의도적으로 무시하거나 축소한다. 자신들의 기술이 선하다는 대전제를 의심하는 목소리는 변화를 두려워하는 사람들의 비이성적인 반발로 치부해버린다.

신권력의 심장부를 파고드는 우리의 협상 전략

이제 우리는 트럼프의 정치적 힘과 테크 과두제의 기술력이 결합된 새로운 권력 조합을 상대해야 한다. 트럼프는 인간 심리에 내재된 취약점들을 공략해 새로운 현실(Reality)을 창조하고 있고, 테크 거물들은 그 토대 위에서 자신들의 기술적 비전을 구현하는 새로운 시스템을 설계하고 있다. 이들은 상호보완적인 목표를 가지고 긴밀하게 협력하고 있다.

따라서 우리의 협상 전략은 트럼프 개인을 넘어, 이 '정치 권력과 기술 권력의 연합'이 가진 본질적인 약점을 공략하는 데 초점을 맞춰야 한다. 트럼프는 위대함을 갈망하고, 테크 거물들은 인류의 미래를 꿈꾸고 있다. 겉모습은 다르지만 그들의 시선은 동일한 곳을 향해 있다. 바로 '유산(Legacy)'이다. 그들은 자신이 떠난 후에도 세상이 자신을 기억해주기를 바란다.

핵심은 그들의 현재 선택이 곧 미래의 역사적 평가가 된다는 점을 명확히 알려주는 것이다. 그들이 역사에 단순히 부를 추구했던 '장사꾼'으로 기록될지, 아니면 새로운 시대를 연 '창조자'로 기억될지를 스스로 선택하고 증명하도록 만들어야 한다.

"우리에 대한 당신의 결정이 곧 역사에 기록될 당신의 모습입니다."

이 메시지는 그들의 거대한 자의식을 자극함과 동시에, 자신들의 행동이 가져올 장기적 결과에 대해 무거운 책임감을 부여한다. 이는 단순한 설득을 넘어 더 높은 차원의 협력을 유도하는 협상 전략이다.

CHAPTER 5

미국 복음주의 - 신념의 군대

트럼프 현상을 떠받치는 권력은 **세 개의 축**(Three Pillars)으로 구성된다: 강력한 지도자(트럼프), 그의 메시지를 증폭시키는 기술 권력(테크 과두제), 그리고 그의 서사를 신념으로 받드는 열광적 지지 기반. 이 세번째 축을 수행하는 집단이 바로 **'미국 백인 복음주의'** 세력이다. 이들은 트럼프의 '해빙-변화-재결빙'이라는 3단계 정신 개조 과정을 거치며 그의 가장 강력한 신념 공동체로 거듭났다.

백인 복음주의 세력은 트럼프의 정치적 승리에 결정적인 역할을 했다. 2016년 대선에서 백인 복음주의 기독교인의 81%가 트럼프에게 표를 던졌고, 2020년에는 약 76%에 달하는 견고한 지지를 유지했다.

2024년 대선에서도 이들의 충성심은 흔들리지 않았다. 애리조나 기독교 대학의 선거 후 연구에 따르면, 기독교인 유권자는 전체의 72%를 차지했으며, 그중 56%가 트럼프에게 표를 던져 그의 압도적인 승리에 결정적인 역할을 했다. 특히 SAGE Con(영적으로 활동하며 정치에 참여하는 보수 기독교인)의 90%, 백인 '거듭난 기독교인(Born Again Christians)'의 74%가 트럼프를 지지했다.

이들은 왜 트럼프의 외설적인 언행, 거듭된 결혼, 윤리 문제 등에도 불구하고 그를 지지하는가?

이 질문에 대한 답은 단순한 정책적 거래를 넘어선다. **그것은 권력, 정체성, 그리고 종말론적 희망이 뒤섞인 깊은 신념의 문제다.** 복음주의자들에게 트럼프는 단순한 후보가 아니라, 세속화되는 세상속에서 자신들의 신앙과 정체성을 지켜줄 '수호자'이자 '전사'이다. 이 장에서는 트럼프의 설득 전략이 왜 특정 집단에게 그토록 강력하게 작동하는지, 그 신념의 뿌리를 파헤친다.

권력과 종말론적 두려움의 정치학

트럼프와 백인 복음주의자들 사이의 동맹은 단순한 정책적 일치를 넘어, 수십 년간 주변부로 밀려났다고 느끼던 이들의 깊은 '두려움'에 뿌리를 두고 있다. 이들에게 트럼프는 단순한 후보가 아닌, '수호자'이자 '전사'로 각인되었다.

박해받는 기독교인이라는 인식

팀 앨버타(Tim Alberta)의 **The Kingdom, The Power, and The Glory: American Evangelicals in an Age of Extremism** (2023)에서 지적하듯, 복음주의 지도자들이 트럼프를 지지하는 주요 요인은 '두려움'이다. 그들은 자신들의 신앙이 러시아나 북한 같은 외부의 적이 아니라, '미국의 자유주의자들과 좌파'라는 '어둡고 불길한 세력'으로부터 공격받고 있다고 믿는다.

퍼블릭 종교 연구소(Public Religion Research Institute(PRRI))의 조사는 이러한 피해 의식을 명확히 보여준다. 백인 복음주의자들은 다른 어떤 종교 집단보다 자신들이 미국에서 더 많은 차별을 받는다고 믿는다. PRRI의 설립자인 로버트 존스는 트럼프가 이러한 두려움을 정확히 파고들었다고 분석한다. 그는 1990년대 초 약 90%에 달했던 미국 내 기독교인 비율이 최근 64%까지 떨어진 인구 통계학적 변화를 지적하며, 트럼프의 메시지가 "당신들의 숫자가 줄고 있다는 것을 안다. 하지만 나를 선택하면 기독교 교회의 힘을 되찾아 주겠다"는 약속으로 작용했다고 설명한다.

트럼프는 이러한 '박해 의식'을 교묘하게 활용했다. 그는 스스로를 "정치적 올바름의 종결자"로 묘사하며, 기독교적 가치를 훼손하려는 세속주의자들에 맞서 싸울 유일한 '수호자'로 포지셔닝했다. 그는 '미국이 벼랑 끝에 서 있다'는 종말론적 불안감을 끊임없이 주입했고, 자신만이 미국을 구할 수 있다고 확신시켰다. 2024년 선거에서 기독교인 유권자들이 가장 중요하게 생각한 이슈가 인플레이션(38%), 이민(34%), 낙태(20%)였다는 사실은 이러한 두려움이 구체적인 정책적 불안과 어떻게 연결되는지를 보여준다.

이러한 두려움은 복음주의자들의 도덕적 기준을 극적으로 변화시켰다. 2011년, 퍼블릭 종교 연구소는 개인적으로 비도덕적인 행위를 하는 정치인이 공적 의무를 윤리적으로 수행할 수 있는지 물었다. 당시 백인 복음주의자의 30%만이 그렇다고 답해, 모든 그룹 중 가장 낮은 수치를 기록했다. 그러나 2016년 10월, 같은 질문에 무려 72%가 그렇다고 답하며 가장 높은 수치를 보였다. 불과 5년 만에 일어난 이 놀라운 역전은 그들이 얼마나 절박하게 영적인 수호자를 원했는지를 보여준다.

정책적 승리라는 거래

이 두려움은 구체적인 정책적 승리를 통해 보상받았다. 복음주의자들에게 트럼프는 도덕적 인물이 아닐지라도, 그들의 핵심 가치를 실현해 줄 '수호자'였다. 조지 바나(George Barna) 박사는 트럼프가 "가족, 법치, 제한된 정부 권한, 재정적 책임과 같은 신성한 기독교적 특성"을 더 잘 대변했다고 분석했다.

- **대법원 판사 임명:** 트럼프는 닐 고서치(Neil Gorsuch), 브렛 캐버노(Brett Kavanaugh), 에이미 코니 배럿(Amy Coney Barrett) 등 세 명의 보수 성향 대법관을 임명하여, 낙태권을 보장한 '로 대 웨이드(Roe v. Wade)' 판결을 뒤집는 데 결정적인 역할을 했다. 이는 복음주의자들에게 수십 년간의 염원이 이루어진 '신성한 승리'였다.
- **이스라엘에 대한 확고한 지지:** 주이스라엘 미국 대사관을 텔아비브에서 예루살렘으로 이전한 결정은 많은 복음주의자들에게 성경적 예언의 성취로 해석되었다. 2024년 재선 후 마이크 허커비(Michael Huckabee)를 이스라엘 대사로 임명한 것은 이러한 관계를 더욱 공고히 했다. 많은 복음주의자들은 유대인이 약속의 땅 전체에 거주하는 것이 예수의 재림을 앞당기는 사건이라고 믿는다.
- **종교의 자유 보호:** 목사들의 정치 활동을 제한하는 '존슨 수정안' 폐지 약속 등은 기독교인들의 정치적 발언권을 강화하려는 의지로 받아들여졌다.

이처럼 트럼프는 복음주의자들의 가장 깊은 '두려움'을 자극하고, 그 대가로 그들이 가장 원하는 정책들을 실현시켜 줌으로써 그들의 신념 체계를 완벽하게 장악했다.

권력의 신학: '불경한 동맹'의 신학적 정당화

트럼프의 명백한 도덕적 결함에도 불구하고 그를 지지하기 위해, 복음주의자들은 강력한 신학적 프레임을 구축했다. 이는 '목표가 수단을 정당화한다'는 논리를 신앙의 언어로 재해석하여 새로운 세계관을 주입하는 '변화(Changing)'의 과정이었다.

하나님의 선택받은 자

트럼프가 '하나님에 의해 선택되었다'는 서사는 그의 정치적 캠페인의 가장 두드러진 주제 중 하나였다. 특히 2024년 7월 13일의 암살 시도에서 살아남은 후, 이 서사는 더욱 강력해졌다. 트럼프는 플로리다 유세에서 "많은 사람들이 신께서 특별한 이유로 제 목숨을 살려주셨다고 말합니다. 그 이유는 바로 우리나라를 구하고 미국을 다시 위대하게 만드는 것이었습니다"라고 선언했다. 저명한 복음주의자 프랭클린 그레이엄(Franklin Graham)은 "총알이 그의 뇌를 불과 1밀리미터 차이로 빗나갔고, 총이 발사되는 마지막 순간에 그의 머리가 돌아갔다"며 "하나님께서 그의 머리를 돌려 목숨을 구해주셨다고 믿는다"고 말했다. TV 전도사 행크 쿠네만(Hank Kunneman)은 "트럼프 대통령에게는 적이 두려워하는 무언가가 있습니다. 그것은 바로 '기름 부음'입니다"라고 말하며 이들의 생각을 대변했다.

이러한 '하나님의 선택'이라는 프레임은 트럼프의 도덕적 결점을 손쉽게 무력화했다. 프랭클린 그레이엄은 스토미 대니얼스와의 스캔들에 대해 "예수님께서 '너희 중에 죄 없는 자가 먼저 돌로 치라'고 말씀하셨을 때 군중이 사라졌던 것을 기억하라"며 "우리 모두는 죄를 지었다"고 옹호했다.

'새로운 고레스(New Cyrus)' 서사

가장 강력한 신학적 근거는 '새로운 고레스 비유'였다. 성경 이사야서 45장에 나오는 페르시아의 이교도 왕 고레스가 유대 민족을 바벨론 포로 상태에서 해방시켰듯, **트럼프 또한 도덕적으로 완벽하지 않지만 하나님의 뜻을 이루기 위해 선택된 '도구'라는 논리다.** 펜테코스탈 예언가 랜스 월나우(Lance Wallnau)는 2016년 트럼프를 '정치적 올바름의 종결자'로 묘사하며 그의 승리를 예언했다. 이 서사는 트럼프의 결함을 문제 삼지 않고 오히려 그의 파괴적인 힘을 신성한 목적의 증거로 여기게 만들었다.

'일곱 산 명령(Seven Mountain Mandate)'과 영적 전쟁 (Spiritual Warfare)

이 신학들은 기독교인들이 사회의 7가지 주요 영역, 즉 정부(Government), 경제(Business/Economy), 미디어(Media), 예술 및 연예(Arts & Entertainment), 교육(Education), 가족(Family), 종교(Religion)를 정복하여 하나님의 왕국을 세워야 한다고 가르친다. 이들에게 트럼프는 이 문화적 '산'들을 정복할 준비된 지도자였으며, 그에 대한 모든 반대는 '악마적 세력'과의 '영적 전쟁'으로 간주되었다. 트럼프의 영적 조언자 폴라 화이트-

케인(Paula White-Cain)은 '전쟁 기도'를 통해 '악마적 네트워크'와 싸운다고 주장하며 정치적 반대자들을 악마화했다.

동맹의 대가: 신뢰의 상실과 변질된 복음

이 '불경한 동맹'은 복음주의 공동체 내외부에 깊은 상처를 남겼다. 그들은 정치적 권력을 얻었지만, 그 대가는 혹독했다.

도덕적 권위의 상실과 위선

이 동맹의 가장 큰 대가는 기독교적 증언의 훼손이었다. 과거 빌 클린턴 대통령의 도덕성 문제를 맹렬히 비판했던 복음주의자들은 트럼프의 수많은 비윤리적 행위에 대해 침묵하거나 옹호했다. 2025년 4월, 트럼프 2기 행정부 출범 3개월 후 퓨 리서치 센터의 조사에 따르면, 백인 복음주의자의 69%가 트럼프 행정부 고위 관료들의 윤리 수준을 '훌륭하다' 또는 '좋다'고 평가했다. 이는 트럼프의 수많은 거짓말, 여성 혐오, 인종차별적 발언, 그리고 성경이 경고하는 '거짓말하는 혀'의 모습과 극명한 대조를 이룬다.

- **거짓 발언:** 트럼프는 재임 첫 3년간 16,000번 이상의 거짓 발언을 했다. 퓨 리서치 조사에서 백인 복음주의자의 57%는 트럼프가 이전 대통령들보다 더 신뢰할 수 있다고 답했다. **이는 잠언이 경고하는 '거짓말하는 혀'에 대한 명백한 외면이다.**
- **여성 혐오와 인종차별:** 트럼프의 여성과 소수 인종에 대한 비

하 발언에도 불구하고, 그의 지지자들은 이를 문제 삼지 않았다. 이는 모든 사람이 하나님의 형상대로 창조되었다는 기독교의 핵심 교리와 정면으로 배치된다.

이러한 명백한 위선은 젊은 세대와 비기독교인들에게 기독교에 대한 깊은 불신을 안겨주었다. 전 백악관 연설문 작성자이자 작가인 피터 위너(Peter Wehner)는 이들이 **"예수님의 윤리를 아무렇지도 않게 내던지고 힘이 곧 정의라는 니체의 윤리를 수용했다"**고 지적했다.

'맹목적 믿음'과 분열

2020년 대선 패배 이후, 선거가 조작되었다는 트럼프의 '거대한 거짓말(Big Lie)'은 복음주의자들 사이에서 광범위하게 받아들여졌다. 검증 가능한 진실을 거부하고 '맹목적인 믿음'을 우선시하는 태도는 그들을 외부 세계와 단절된 '트럼프 거품' 안에 가두었다. 이러한 현상은 기독교 공동체 내에서도 분열을 낳았다. 애틀랜타의 흑인 목사인 몬테 노우드(Monte Norwood)와 같이 트럼프의 위선을 비판하는 기독교인들은 백인 복음주의자들의 정치적 행태에 깊은 실망감을 표했다. 이러한 분열은 1960년대 인권 운동 이후 공화당으로 이동한 백인 기독교인과 민주당을 지지하는 비백인 기독교인 사이의 균열을 더욱 심화시켰다.

국가 우상 숭배

많은 비판가들은 복음주의자들이 '미국'을 '새로운 이스라엘'처럼 여기며 국가에 대한 '우상 숭배'에 빠졌다고 지적한다. 트럼프의 '미국을 다시 위대하게'라는 슬로건은 과거 기독교가 중심이었던 미국에 대한 향수를 자극했다. **국가 정체성이 신앙 정체성보다 우선시되고, 미국의 번영과 안보를 지키는 것이 구원과 동일시되었다.** 이는 '하나님과 재물을 겸하여 섬길 수 없다'는 기독교의 핵심 가르침과 정면으로 배치되는 발상이다.

결론적으로, 미국 복음주의는 트럼프라는 정치적 현상에 가장 강력한 '신념'의 동력을 제공했다. 그들은 트럼프를 통해 세속 사회에 대한 '큰 두려움'을 해소하고, '기독교 국가 미국'이라는 '정체성'을 지키고자 했다. 이 과정에서 그들은 트럼프의 가장 충성스러운 '신념의 군대'가 되었지만, 동시에 기독교의 사회적 신뢰를 훼손하고 복음의 본질을 왜곡했다는 값비싼 대가를 치르게 되었다.

PART 03

트럼프 2.0 권위주의의 서막

'합법'이란 이름으로, 민주주의는 어떻게 독재의 길을 걷게 되는가? 1930년대 독일이 그랬듯, 독재는 때론 혁명의 불길이 아닌 합법적인 선거 절차를 통해 탄생할 수도 있다. 제3부에서는 이러한 현상이 트럼프 2.0 시대에 어떻게 구현되고 있는지를 추적한다. 미국은 여전히 민주주의 국가라는 외형을 띠지만, 내부에서는 권위주의적 질서가 점차 뿌리내리고 있다. 국가의 군대와 경찰은 점차 특정 지도자의 명령을 따르는 사병(私兵)으로 변질되고 있고, '영구 비상사태'라는 명분은 법치주의를 마비시키고 있다. 행정 권한의 남용은 입법부를 무력화하고 있고 민주주의의 마지막 방어선이라 할 수 있는 사법부마저 대법원의 동조 아래 그 견제 능력을 상실하고 있다.

이것은 한때 우리가 견고하다고 믿었던 미국의 민주주의가 내부에서부터 붕괴하고 있음을 보여주는 섬뜩한 경고음이다.

CHAPTER 6

공화국의 해체와 제국의 부활

권위주의(Authoritarianism)로 향하는 길은 공권력을 장악하는 데서 시작된다. 그 첫걸음은 바로 국가가 합법적으로 독점해온 군대와 경찰을 장악하는 것이다. 군대와 경찰이 대통령 개인의 사병(私兵)으로 변질될 때, 민주주의는 해체되고 국가는 독재의 길을 걷게 된다. 이 위험한 변모의 첫 실험 대상은 바로 미국의 **국가방위군**(National Guard)과 **이민세관집행국**(U.S. Immigration and Customs Enforcement, ICE)이다.

권력의 스펙터클(Spectacle): 상징으로 현실을 지배하다

2025년 8월 초, 트럼프 대통령이 워싱턴 D.C.에 800명의 국가방위군 병력을 배치하며 '공공 안전 비상사태'를 선포했을 때, 이는 이성과 논리로는 설명할 수 없는 결정이었다. 공식적인 명분은 급증하는 범죄율이었지만, 실제 폭력 범죄 데이터는 하락 추세에 있었다.

하지만 감성의 영역에서 이 결정은 완벽한 전략이었다. 백악관의 내부 관계자들이 증언하듯, 트럼프에게 사실(Fact)이나 데이터는 중요하지 않았다. 그에게 중요한 것은 군사력이라는 압도적인 **스펙터클**(Spectacle)을 통해 대중의 감정을 지배하고, 강력한 리더라는 이미지를 각인시키는 것이었다.

이것은 제1장에서 분석한 '설득 스택'의 원리가 현실 정치에서 어떻게 작동하는지를 보여주는 교과서적인 사례다. **도시의 범죄에 대한 막연한 불안감을 '불법 이민자와 무정부주의자들의 폭동'이라는 구체적인 '큰 두려움**(Big Fear)**'으로 증폭시키고, 자신을 그 혼란으로부터 '법과 질서'를 수호하는 유일한 구원자로 포지셔닝함으로써 지지자들의 감정에 직접 호소한 것이다.** 군복을 입은 병사들의 존재는 그 자체로 "내가 통제하고 있다"는 강력한 시각적 메시지였다.

불과 2주 후, 대통령은 국가방위군의 역할을 '시민 소요 진압'으로 확대하는 행정명령에 서명하며, 시카고, 볼티모어, 뉴올리언스, 오리건 등 민주당의 아성이자 흑인 인구 비율이 높은 도시들에 대한 병력 파견을 위협했다. 이는 단순한 치안 유지를 넘어, 정치적 반대 세력에 대한 명백한 협박이었다. 6월 로스앤젤레스에서 열린 ICE 단속 반대 시위를 '미국 권위에 대한 반란'으로 규정하고 4,000명의 국가방위군과 700명의 현역 해병대를 투입했던 선례는, 연방 법원의 위법 판결에도 불구하고 그의 의지를 꺾지 못했다. 오히려 그는 사법부의 판결을 공개적으로 무시함으로써, 법 위에 군림하는 자신의 권위를 과시했다.

대통령의 사병: ICE, 그림자 속의 비밀경찰

국가방위군이 대통령의 의지를 공개적으로 과시하는 도구라면, ICE는 그 의지를 비밀스럽게 집행하는 그림자 속의 군대이다. 마스크를 쓴 ICE 요원들이 소속 배지 없이 미등록 이민자들을 체포하고, 적법한 절차 없이 이들을 구금 시설로 보내는 모습은 권위주의 국가의 비밀경찰 작전을 방불케 한다. 이는 제2장에서 분석한 BITE 모델의 '행동 통제(Behavior Control)'와 '정보 통제(Information Control)'가 극단적으로 발현된 형태다. **누구에게, 언제, 어디로 잡혀갈지 모른다는 공포를 확산시켜 이민자 커뮤니티 전체의 행동을 위축시키고, 집행자의 소속과 신분을 감춤으로써 모든 책임을 회피하는 정보의 암흑 상태를 만들어낸 것이다.**

트럼프의 치밀한 정치적 계산

트럼프 대통령 명령에 움직이는 ICE와 국가방위군은 더 이상 헌법에 따라 국민을 보호하는 공적 기관이 아니라 한 개인의 의지를 집행하는 사병으로 변질되었다. 온라인에 떠도는 거대한 트럼프 얼굴 사진이 걸린 연방 건물 앞을 군복 차림의 국가방위군이 행진하는 이미지는 권위주의 국가의 풍경을 연상시킨다.

이러한 국가 무력의 사유화는 두 가지 치밀한 정치적 계산에 기반한다.

첫째, '범죄'와 '불법 이민'을 국가적 의제의 최상단에 위치시켜 공화당의 전통적인 '강력한 법 집행' 기조를 극대화하는 것이다. 트럼프는 미국 도시들을 '지옥'으로, 이민자들을 '동물'과 '범죄자'로 묘사하며 무법과 공포에 대한 대중의 인식을 조작했다. 이는 자신의 권력 장악을 질서 회복을 위한 필요한 조치로 포장하는 동시에, 경제 문제나 외교적 논란 같은 불리한 소식들로부터 대중의 시선을 돌리는 효과적인 연막이었다.

둘째, 이는 '민주당이 장악한 도시'들과의 전쟁 구도를 명확히 하는 행위였다. 도시 중심지는 트럼프에게 저항하는 세력의 거점이며, 그는 이곳을 '오염된' 공간이자 '척결해야 할 대상'으로 규정했다. 특히 흑인과 히스패닉 인구가 많은 지역을 겨냥한 것은, '유색인종 = 범죄'라는 인종적 암시를 통해 백인 지지층의 불안감을 자극하고 내부 결속을 다지려는 교묘한 전략이다. 이는 '우리'와 '그들'을 가르는 분열의 정치이자, 국가의 공권력을 특정 인종 및 정치 집단을 억압하는 도구로 전락시키는 위험한 행위다.

무너지는 보루: 입법부와 사법부의 무력화

미국 건국의 아버지들이 조지 3세라는 폭군에 맞서 세우고자 했던 것은 '법치주의(Rule of Law)'였다. 그러나 트럼프의 행보는 건국 정신 자체를 조롱하고 있다. 그는 의회를 자신의 의지를 추인하는 도장처럼 취급하며 사실상 **칙령**(Executive Orders)**에 의한 통치**를 하고 있다. 최근 모든 독립 규제 기관을 대통령의 유일한 감독 아래 둔다는 행정명령은, 헌법이 모든 행정권을 대통령에게 부여했다는 해석에 기반한 것이다.

이러한 행정권의 장악은 정적을 제거하기 위한 공격의 발판을 마련한다. 대통령의 충성파인 팸 본디(Pam Bondi) 법무장관의 지휘 아래, 법무부(Department of Justice)는 독립성을 상실하고 대통령의 정치적 반대파를 겨냥한 '사법 사냥'의 선봉에 섰다.

대표적인 표적은 전 FBI 국장 제임스 코미(James Comey)와 뉴욕주 법무장관 러티샤 제임스(Letitia James)다. 코미는 2016년 대선 당시 러시아 스캔들 수사를 이끌었고, 제임스는 트럼프의 금융 사기 혐의를 밝혀내 막대한 벌금을 부과한 인물이다. 트럼프가 소셜 미디어를 통해 이들의 기소를 공개적으로 촉구한 지 얼마 지나지 않아, 법무부는 신속하게 움직였다. 기존 검사들이 증거 불충분을 이유로 기소에 반대하자, 트럼프 행정부는 그들을 압박하여 사임시키고 대통령의 측근을 그 자리에 임명해 기어이 기소를 강행했다. 이는 명백한 보복성 기소이자, 사법 시스템을 동원해 개인적인 원한을 해결하려는 시도다. 이 외에도 탄핵을 주도했던 애덤 시프(Adam Schiff) 상원의원 등 여러 비판적인 인물들에 대한 범죄 수사가 개시되면서, 법무부는 대통령의 '적'으로 규정된 이들을 제거하는 청부기관으로 전락했다는 비판을 받고 있다.

"짐이 곧 국가다(L'état, c'est moi)"

프랑스의 절대군주 루이 14세가 남긴 이 말은, 군주의 의지가 곧 법이 되는 절대 왕정의 본질을 압축한다. 트럼프의 행동과 발언은 그가 이와 같은 사고방식을 내면화했음을 보여준다. 그는 자신을 헌법 위에 있는 존재로, 국가의 모든 권력이 자신에게서 시작되는 만물의 근원으로 여긴다. 이는 미국 건국의 핵심 원칙인 법치주의와 권력 분립에 대한 정면 도전이다.

입법부의 견제 기능은 사실상 마비되었다. 의회는 대통령에게 충성하는 '신하'들로 채워졌고, 법률에 대한 의무보다 개인에 대한 충성이 우선시되는 '컬트 정치'의 시대가 도래했다. 사법부 또한 끊임없는 소송과 금지 명령으로 저항하고 있지만, 법률 전문가 **엘리 미스탈**(Elie Mystal)이 지적하듯, 사법 시스템은 "스스로를 집행할 군대를 가지고 있지 않다." 만약 행정부가 법원의 명령을 대놓고 무시하기 시작하면, 민주주의의 마지막 보루는 속수무책으로 무너질 수밖에 없다.

부통령 JD 밴스가 "판사들은 행정부의 합법적인 권한을 통제할 수 없다"고 공언한 것은, 행정부가 바로 그 선을 넘을 준비가 되었음을 시사하는 불길한 신호다. 이는 수년간 예견되어 온 헌법적 위기가 이제 현실의 문턱에 도달했음을 의미한다. 공권력을 손에 쥔 행정부가 법의 구속을 거부할 때, 민주주의는 이름만 남은 껍데기로 전락하고 만다.

CHAPTER 7

'영구 비상사태'인 미국, 트럼프 법치 위에 군림하다

2025년 1월 20일, 도널드 트럼프 대통령이 두 번째 임기를 시작했을 때, 그 누구도 그가 미국의 통치 방식을 근본적으로 재편할 것이라고는 예상하지 못했다. 취임 첫 100일 만에 그는 그 어떤 현대 대통령보다도 많은 8건의 국가 비상사태를 선포하며, 미국을 마치 영구적인 위기 상태에 놓인 것처럼 만들었다. 이는 단순한 행정적 조치를 넘어, 법치주의와 삼권분립이라는 민주주의의 근간을 뒤흔드는 일련의 대담한 움직임이었다.

비상사태의 연대기: 권력의 확장을 위한 청사진

트럼프 대통령의 보좌관들은 모든 정책이 '위기'라는 렌즈를 통해 정당화될 수 있음을 일찌감치 간파했다. 이 '영구 비상사태'의 통치법은 그의 취임 직후부터 명확하게 드러났다.

1. 경제 비상사태: 무역 전쟁과 길들여진 시장

트럼프는 취임과 동시에 "경제 비상사태"를 선포하며 전 세계를 상대로 무역 전쟁을 재개했다. 처음에는 모든 수입품에 대한 전방위적 보복 관세를 위협했지만, 주식과 채권 시장이 동시에 붕괴 조짐을 보이자 슬그머니 한발 물러섰다. 결국 중국산 제품에 125%의 관세를 부과하고 다른 국가들에는 90일간의 협상 유예 기간을 주었다. 시장은 안도의 한숨을 내쉬었지만, 이 소동의 진짜 목적은 따로 있었다. 트럼프는 자신의 의지를 관철하기 위해 **세계 경제를 인질**로 잡고 흔들 수 있다는 사실을 증명해 보였다.

주요 경제 관련 행정명령(2025년 1월 이후)

- **EO 14194; 14197**(2/1): 멕시코산 제품에 25% 관세 부과
- **EO 14195; 14200**(2/1): 중국산 제품에 20% 관세 부과(오피오이드 공급망 명목)
- **EO 14193**(2/1): 캐나다산 제품에 25% 관세 부과(에너지 제외 10%, 불법 마약 유입 명목)
- **EO 14266**(4/10): 상호 관세율 조정

2. 국경 비상사태: '침략'이라는 수사학과 군사화된 국경

경제적 압박과 동시에, 그는 남부 국경에 비상사태를 선포하며 "미국의 주권이 침략(Invasion)당하고 있다"고 선언했다. 이 '침략'이라는 단어 선택은 의도된 것이었다. 그것은 이민 문제를 단순한 정책 실패가 아닌, 국가 안보에 대한 실존적 위협으로 격상시켜 군사력 동원을 정당화하는 언어적 무기였다. 그는 18세기에 제정된 '**외**

국인 적 법(Alien Enemies Act)'을 발동시켜 이민자들을 '**적**(Enemy)'으로 간주하고, 적법한 절차 없이 추방하려고 한다. 대법원이 추방자에게 심리 기회를 부여하라고 제동을 걸었지만, 백악관은 '트렌 데 아라과(Tren de Aragua, 베네수엘라에서 가장 악명 높은 갱단)' 같은 특정 범죄 조직을 '침략군'으로 규정하며 법망을 우회했다. 국경은 더 이상 통과의 장소가 아닌, 적을 섬멸해야 할 전쟁터가 되었다.

주요 국경 및 이민 관련 행정명령(2025년 1월 이후)

- **EO 14167**(1/20): 국경 보안에 대한 군의 역할 명확화
- **EO 14165**(1/20): 국경 보안 강화(장벽 건설, '멕시코 잔류' 정책 재개)
- **EO 14159**(1/20): '침략'으로부터 미국 국민 보호(추방, 구금, '성역 도시' 지원 제한)
- **EO 14157**(1/20): 카르텔을 외국 테러 조직으로 지정
- **'외국인 적 법' 발동**(3/15): 트렌 데 아라과(Tren de Aragua) 조직원에 대한 즉각적인 체포, 구금, 추방
- **남부 국경 봉쇄 및 침략 격퇴를 위한 군사 임무**(4/13): 국방부에 연방 토지 관할권 부여

3. 에너지 및 환경 비상사태: 규제의 해체와 화석 연료의 부활

'에너지 비상사태' 선포는 환경 및 야생동물 보호 규제를 한 번에 무력화시켰다. 그는 전시 동원 권한을 발동해 석유 및 가스 생산을 가속화하고, 석탄을 '국가 안보 자원'으로 재분류하여 낡은 산업에 인공호흡기를 달아주었다. 심지어 캘리포니아의 댐을 강제로 개방시켜 농업용수를 공급하게 한 것은, 연방 정부가 환경 규제라는 주 정부의 고유 권한을 어떻게 짓밟을 수 있는지를 보여주는 상징적

사건이었다. '목재 비상사태'를 선포하여 1억 에이커가 넘는 국유림의 벌목을 허용한 것 역시 같은 맥락이었다.

주요 에너지 및 환경 관련 행정명령(2025년 1월 이후)

- **EO 14156**(1/20): 국가 에너지 비상사태 선포
- **EO 14261**(4/8): '아름다운 청정 석탄 산업' 부흥
- **EO 14270**(4/9): '미국 에너지 해방'을 위한 제로 기반 규제 예산 책정
- **EO 14241**(3/20): 미국 광물 생산 증대를 위한 즉각적인 조치

4. 법과 질서 비상사태: 도시를 향한 선전포고

워싱턴 D.C.와 멤피스 등 민주당 지지 성향이 강한 도시에 대한 '범죄 비상사태' 선포는 공권력 사유화의 연장선이었다. 이는 국가방위군 동원과 치안 유지를 위한 법적 명분을 제공했을 뿐 아니라, '무법 도시' 대 '질서의 수호자'라는 정치적 프레임을 강화했다. 성조기 훼손 행위를 우선 기소하라는 명령은, 애국심이라는 가치를 정적을 억압하는 도구로 사용하는 전형적인 권위주의의 수법이었다.

주요 '법과 질서' 관련 행정명령(2025년 1월 이후)

- **EO 14333**(8/11): 워싱턴 D.C.에 '범죄 비상사태' 선포
- **EO 14340**(8/25): 워싱턴 D.C.의 무현금 보석 제도 종식
- **EO 14341**(8/25): 미국 국기 훼손 기소 우선화
- **멤피스의 법과 질서 회복**(9/15): 태스크포스 설립 및 주방위군 동원 승인

삼권분립의 위기: 침묵하는 의회와 주저하는 사법부

이러한 비상 권한의 남용 앞에서 민주주의의 방어막인 삼권분립은 속수무책으로 무너지고 있다. 의회는 비상사태 선포를 철회할 권한이 있지만, 상하원 2/3의 동의라는 비현실적인 문턱에 막혀 사실상 식물 상태에 빠졌다.

진짜 문제는 사법부였다. 프린스턴 대학의 킴 레인 셰펠레(Kim Lane Scheppele) 교수가 지적하듯, 현대의 독재는 법을 파괴하는 대신 "법을 이용하여" 권력을 장악한다. 법원은 대통령의 선포가 '진정한' 위기 상황에 근거한 것인지 판단해야 하지만, "행정부에 대한 존중"이라는 오랜 전통과 보수적인 대법원의 성향 때문에 대통령에게 유리한 판결을 내릴 가능성이 높다. 사법부가 행정부를 단속하는 것을 주저할 때, 견제와 균형의 축은 무너져 내린다.

영구 비상사태의 그림자: 독재에 익숙해지는 사회

트럼프 행정부의 '영구 비상사태' 통치는 단순한 정치적 수사를 넘어, 미국 민주주의의 운영체제를 바꾸려는 시도다. 그는 "나는 독재자라는 말을 듣는다. 하지만 나는 범죄를 막는다. 많은 사람이 '그렇다면 차라리 독재자가 낫다'고 말한다"고 공공연히 언급하며, 대중이 독재라는 개념에 익숙해지도록 만들고 있다.

정치 철학자 제이슨 스탠리(Jason Stanley)가 경고했듯이, 대부분의 사람들은 독재 정권 하에서도 일상을 영위한다. 술집과 식당은 여전히 문을 열고, 삶은 계속되는 것처럼 보인다. 이것이 바로 '영

구 비상사태' 전략의 가장 무서운 점이다. 비상사태라는 이름 아래 시민의 권리가 하나씩 잠식되고 대통령의 권한이 헌법을 넘어 급진적으로 재해석되더라도, 대다수의 국민은 그 변화를 알아차리지 못하거나, 혹은 혼란스러운 세상 속 '질서'라는 달콤한 약속에 안주하며 침묵할 수 있다는 것이다. 트럼프는 법치를 파괴하는 대신, 법의 이름으로 국민들을 점점 길들이고 있다.

CHAPTER 8

칙령에 의한 통치

권력 장악의 단계는 정교한 연쇄 반응과 같다. 우선 국가의 경찰과 군대를 장악하고, '영구 비상사태'를 선포하여 법치 시스템을 무력화했다면, 이제 마지막 단계는 국가의 운영 시스템인 **'규제**(Regulations)'를 바꾸는 작업이다. 즉, 규제(Regulations)를 전면적으로 해체하고 재설계함으로써, 대통령의 정책이 아무런 저항 없이 국가 전체에 집행되도록 만드는 것이다.

트럼프 2.0 행정부의 규제 개혁은 단순한 정책 변경이 아니다. 그것은 국가라는 거대한 기계의 모든 톱니바퀴를 빼내 자신의 입맛에 맞는 부품으로 교체하려는 시도다. 그의 손길은 환경 보호, 노동자의 권리, 금융 시장의 안정성, 그리고 연방 정부의 구조 자체에 이르기까지 모든 영역을 휩쓸고 있다.

'미국 에너지 해방'이라는 기조 아래 재편되는 환경 정책

트럼프 2.0 행정부의 첫 번째 목표물은 단연 환경 규제다. "미국 에너지 해방(Unleashing American Energy)"이라는 기조 아래, 지난 십여 년간 구축된 환경 보호 체계가 해체되고 있다. 이는 화석 연료 및 광물 채굴 산업이라는 핵심 지지층의 경제적 이익을 반영하면서, 동시에 환경 규제를 경제 성장의 장애물로 보는 트럼프의 신념을 실행에 옮기는 행동이다.

12개 기후 행정명령 폐지

바이든 행정부의 기후·환경 관련 행정명령(Executive Orders) 12개가 취소되었다. 공중 보건 보호(13990), 기후 위기 대응(14008), 청정 자동차 강화(14037), 청정에너지 산업화(14057), 환경정의(14096) 등이 포함된다. 미국 기후 군단도 즉시 폐지되었다.

5가지 핵심 규제 철폐

1. 환경영향 평가 폐지

1977년부터 시행된 환경 품질 보호 행정명령(Executive Order 11991)이 폐지되었다. 국가환경정책법(NEPA) 규정도 폐지될 예정이다. 앞으로 대규모 개발 사업의 환경 영향 평가가 대폭 축소된다. 정부는 '경제나 안보에 필수적'이라고 판단되는 프로젝트는 긴급 권한으로 즉시 허가하도록 명시했다.

2. 온실가스 규제 기초 재검토

2009년부터 모든 미국 기후 규제의 법적 근거가 된 '온실가스 위험성 판정'을 재검토하도록 지시했다. 이것이 폐지되면 자동차 배출기준, 발전소 규제 등 광범위한 환경 정책이 무력화된다.

3. 탄소 비용 계산 제거

환경 규제 결정에 사용되던 '탄소의 사회적 비용' 계산 방식이 폐지된다. 미국 환경보호국(Environmental Protection Agency, EPA)은 60일 내에 연방 허가 및 규제에서 이 계산을 제거하도록 지시받았다.

4. 청정에너지 기금 동결

인플레이션 감축법(Inflation Reduction Act of 2022)과 인프라 투자일자리법(Infrastructure Investment and Jobs Act)의 모든 기금 지출이 중단되었다. 전기차 충전소, 재생에너지 프로젝트 등에 배정된 수십억 달러 규모의 자금이 지출 중단 상태다. Office of Management and Budget(OMB)와 경제 정책 보좌관이 승인할 때까지 어떤 기금도 사용할 수 없다.

5. 전기차 및 에너지 효율 기준 철폐

'전기차 의무화'라고 규정한 모든 규제가 폐지된다. 백열전구, 식기세척기, 세탁기, 가스레인지, 온수기, 변기, 샤워헤드 등의 에너지 효율 기준도 폐지된다.

추가 조치들

광물 채굴 규제 완화: 비연료 광물 채굴에 대한 규제가 완화되고, 공유지 보호 조치가 재검토된다. 우라늄을 포함한 핵심 광물 목록이 업데이트될 예정이다.

LNG 수출 승인 가속화: 액화 천연가스 수출 프로젝트 승인 심사를 신속화한다.

파리 협정 탈퇴: 국제 기후 협약에서 즉시 탈퇴했다.

이 조치들은 개별 규제 완화가 아니라 환경 규제 체계 전체의 재편을 의미한다. 환경 보호와 기후 변화 대응은 뒷전으로 밀려났고, 화석 연료와 광물 채굴 산업의 이익이 정부의 명시적 정책 목표가 되었다.

사회 정책 및 관료주의: '칙령'으로 국가의 정체성을 재정의하다

트럼프의 권력 장악은 연방 정부의 인력 구성, 사회적 형평성 프로그램, 교육 커리큘럼에까지 자신의 이념적 지문을 새기는 방식으로 확장되고 있다. 이는 국가의 정체성을 밑에서부터 재정의하려는 시도다.

건강 보험 접근성의 축소

저소득층과 DACA(Deferred Action for Childhood Arrivals) 수혜자의 보험 가입을 확대했던 일명 '오바마케어(Affordable Care Act)'는 가입 기간을 단축하고 자격을 폐지하는 방향으로 수정되었다. 행정부는 보험 가입자들이 매년 소득과 이민 신분을 재확인하도록 강제하고, 미충족 시 자동 취소되도록 규칙을 변경했다. 2025년 말 강화 보조금이 만료될 예정인데, 현재 2,200만 명이 받는 보조금이 없어지면 보험료는 2배 이상 인상될 것으로 예상된다.

이로 인해 의료보험센터(CMS) 추정에 따르면 2026년에만 75만~180만 명이, 의회예산처리국(CBO)의 분석에 따르면 2034년까지 약 1,200만 명이 무보험 상태에 빠질 것으로 보인다. 추가적으로 공화당이 2025년 7월 통과시킨 One Big Beautiful Bill Act의 일환으로 메디케이드(Medicaid)에서 800억 달러를 삭감했으며, 이는 약 800만 명이 의료 혜택을 잃게 될 것으로 예상된다. 이 손실은 저소득층, 시골 주민, 이민자 집단에 집중될 것이다.

다양성, 형평성, 포용성(DEI) 프로그램의 폐지

클린턴 시대부터 계속되어 온 소수자 우대 정책과 Diversity, Equity, Inclusion(DEI) 프로그램은 '차별적'이라는 명목 아래 전면 폐지되었다. 행정부는 능력 기반 채용을 명분으로 삼지만, 실제로는 역사적 소수 집단의 정부 진출 경로를 차단하고 연방 정부의 인력 구성을 장기적으로 재편하려는 것이다. 이는 연방 정부의 이념적 방향을 극적으로 전환하려는 시도다.

공무원 제도의 해체: '스케줄 정책/경력'과 대규모 정원 감축

트럼프 1기 행정부때는 정책 관련 직무를 수행하는 공무원들을 '스케줄 F(Schedule F)'라는 새로운 고용 범주로 재분류해 해고를 쉽게 만들고자 했었다. 이 시도가 2기 행정부에서는 '스케줄 정책/경력(Schedule Policy/Career)'이라는 이름으로 되살아났다. 이 제도는 수만 명의 공무원을 사실상 '임의 해고(At-Will Employment)' 상태로 두어 대통령에게 충성하지 않는 인력을 손쉽게 교체할 수 있는 강력한 통제 장치로 기능한다.

공공서비스 파트너십(Partnership for Public Service)에 따르면, 트럼프 행정부는 1월 취임 이후 이미 약 20만 명 이상의 연방 공무원이 해고, 명예퇴직, 또는 사임 등의 형태로 떠났다고 밝혔다.

2025년 10월, 정부 셧다운(Government Shutdown) 상황을 이용해 행정부는 추가 감원을 단행할 예정이다. 10월 12일자 BBC 보도에 따르면, 7개 연방 기관에서 약 4,600명의 직원이 해고 통지를 받을 예정이다.

- **재무부**: 약 1,446명
- **보건복지부**(HHS): 1,100~1,200명
- **교육부 및 주택도시개발부**: 각각 최소 400명
- **상무부, 에너지부, 국토안보부**: 각각 176~315명
- **환경보호청**(EPA): 20~30명에게 '감원 의향서' 통지

이번 조치는 연방 공공 부문 규모 축소를 목표로 한 'DOGE(Department of Government Efficiency)'의 인력 감축 전략의 연장선으로 해석할 수 있다.

교육 커리큘럼 개입

2025년 1월 29일 트럼프 대통령은 성 정체성, 비판적 인종 이론(Critical Race Theory), DEI 관련 내용을 다루는 K-12 교육 프로그램의 연방 자금 지원을 전면 중단했다. 동시에 '1776 위원회'를 재설립하여 미국 역사에 대한 '긍정적이고 통합적인' 시각을 강조하는 '1776 커리큘럼'을 개발하고 2026년 독립 250주년을 맞아 역사 교육 프로그램을 지원할 계획이다. **이는 특정 역사 해석과 세계관을 국**

가 차원에서 미래 세대에 강요하는 방식으로, 학생들의 역사 이해와 정치 의식 형성을 직접 결정하는 도구가 된다.

예산 무기화와 당파적 보복

행정부의 이념적 통제는 단순한 정책 변화를 넘어선다. 예산 책임자 러셀 보트(Russell Vought)는 2025년 10월 정부 셧다운 상황을 활용해 민주당이 다수인 주들을 명시적으로 겨냥한 자금 삭감을 단행하고 있다. 뉴욕의 지하철 연장과 맨해튼-뉴저지 간 여객철도 터널 건설에 배정된 연방 자금 180억 달러, 민주당 우세 16개 주의 기후 프로젝트에 배정된 80억 달러 등이 동결되었다. 이는 정부 자금을 이념적 목표 달성을 위한 무기로 활용하는 것이며, 행정부의 우선순위에 맞지 않는다는 이유로 정부 프로그램을 차별적으로 삭감하려는 시도다.

경제 및 기술: '미국 우선주의'와 기업 국가화

경제 및 기술 분야에서도 기존의 규제 프레임워크를 해체하고 국가 자원을 자신의 비전에 따라 재배치하려는 의지가 명확히 드러났다.

민간 기업에 대한 직접적 통제: '국가 자본주의'로의 전환

트럼프 행정부는 더 이상 기업에 제안하거나 규제하는 차원을 넘어, 직접적인 지분 소유와 경영 개입으로 확대하고 있다. 반도체 기업 엔비디아(Nvidia)와 AMD는 중국 수출 허가 대가로 해당 수익의

15%를 미국 재무부에 납부하기로 합의했다. 인텔(Intel)에는 110억 달러의 정부 자금을 9.9% 지분으로 전환했다. 또한, 캐나다 리튬 채굴 업체인 리튬 아메리카스(Lithium Americas Corp.)의 지분 5%와 네바다 광산의 5% 지분을 확보했다. 이는 리튬과 같은 핵심 광물에 대한 중국 의존도를 낮추기 위한 노력의 일환이다

이는 기존 미국의 시장 자본주의 틀에서 벗어나 중국이나 동남아 신흥국에서 볼 수 있는 **'국가 자본주의'** 모델로의 전환을 의미한다. 한 경제학자는 이를 '최대주의적 기업국가주의(Maximalist Corporatism)'라고 표현했으며, 정부가 기업을 흔들어 '공물'을 받아내고 정치적 충성심에 따라 특권을 부여하는 구조다. 이는 시장 기능을 왜곡하고, 대통령과 거래할 수 있는 거대 기업에만 유리하며, 소규모 제조업체는 관세 타격으로 압박받으면서도 대통령과의 직접 협상 기회는 얻지 못하는 불공정한 구도를 만든다.

노동자 보호의 약화

2025년 5월, 행정부는 바이든 시대에 도입된 '긱 경제(Gig Economy)' 노동자 분류 규칙을 폐지했다. 우버, 리프트 등 플랫폼 노동자들을 '경제적 의존성' 기준으로 직원으로 재분류하여 최저임금과 초과근무 수당 보호를 제공하려 했던 규칙이 완전히 해제되었다. 수백만 명의 플랫폼 노동자들이 보호받지 않는 독립 계약자 신분으로 전락되었다.

전방위적 규제 해체

새로운 규제 하나마다 최소 10개의 기존 규제를 폐지하도록 하는 행정명령은 첫 임기의 '2대 1' 규칙을 5배 강화한 것이다. 이는 노

동, 환경, 금융, 소비자 보호 등 모든 분야에서 규제 프레임워크의 체계적 해체를 의미한다.

기술 패권 장악과 전략화

바이든 행정부가 중앙은행 디지털 통화(CBDC) 연구를 진행했다면, 트럼프 행정부는 이를 금지하고 대신 범죄 수익으로 몰수한 비트코인을 국가 전략 자산으로 비축하도록 했다. AI 기술 분야에서도 바이든의 '위험성 경고' 행정명령을 폐지하고 "미국의 글로벌 AI 지배력 강화"라는 공세적 정책으로 전환했다. 이는 기술 발전이 아니라 기술 패권을 국가의 통제하에 두겠다는 의지를 드러낸다.

권력의 중앙화: '행정부 우월주의'의 확립

트럼프 2.0 행정부의 가장 본질적인 움직임은 연방 정부의 권력 구조 자체를 대통령 중심으로 재편하려는 시도다.

독립 기관의 무력화

연방준비제도(Federal Reserve), 연방거래위원회(FTC) 등 정치적 독립성을 생명으로 하는 기관들마저 주요 규정 발표 전에 백악관의 사전 검토를 받도록 의무화했다. 이는 금리 결정 같은 경제 정책에 정치적 고려를 노골적으로 주입하는 것을 의미한다.

트럼프 행정부는 금리 인하에 부정적인 입장을 고수해 온 제롬 파월(Jerome Powell) 연방준비제도 의장의 해임을 수개월 간 검토하며 압박을 가해왔다. 그러나 2025년 5월, 미국 대법원이 연준의 독립적 지위를 재확인하는 판결을 내리면서, 파월 의장은 임기 만료 시점인 2026년 5월까지 직을 유지할 수 있게 되었다.

대신 트럼프 행정부는 백악관 경제자문위원회 의장이자 대통령의 측근인 스티븐 미란(Stephen Miran)을 연방준비제도 이사로 임명했다. 미란은 2025년 9월 16~17일 열린 연준 회의에서 0.25% 인하를 지지한 다수 이사들과 달리, 0.5% 인하를 주장하며 유일하게 반대표를 던졌다. 이러한 결정은 연준을 대통령의 경제 정책에 충실한 인사들로 재편하려는 의도를 분명히 보여준다.

더 노골적인 시도는 연방준비제도 이사 리사 쿡(Lisa Cook)을 해고하려 한 사건이다. 트럼프는 2021년, 쿡이 두 주택을 '주 거주지'로 신고했다며 모기지 사기 혐의를 근거로 그를 해고하겠다고 선언했다. 이는 연방준비제도 112년 역사상 현직 이사를 해고하려 한 전례 없는 시도였다. 연방 지방법원과 항소법원은 트럼프의 시도가 불법이라고 판정했고, 미국 대법원은 2026년 1월 사건을 심리하기로 결정했다. 이러한 움직임은 정치적 충성도를 거부하는 인사를 제거하려는 트럼프 행정부의 의도로 해석된다.

한편, 노동통계국장(Bureau of Labor Statistics) 에리카 맥엔타퍼(Erika McEntarfer)는 2025년 7월 부정적인 실업률 통계가 발표된 직후 해임되었다. 이어 10월에는 정부 셧다운으로 인해 9월 실업 통계조차 발표되지 못했다. 이러한 조치들은 정부가 불리한 경제 지표를 통제하거나 왜곡하려는 시도로 비춰진다.

결국, 정부가 정책 결정에 유리하도록 경제 정보를 축소하거나 선별적으로 공개할 가능성이 커진다. 이러한 움직임은 중국이 최근 청년 실업률 통계를 중단 또는 왜곡하여 경제 지표를 정치적으로 관리한 사례와 유사한 양상을 보인다.

미국 국부 펀드 설립 구상

행정부는 국가의 부를 장기적 전략적 투자에 활용하기 위해 미국 국부 펀드(Sovereign Wealth Fund, SWF) 설립을 지시했다. 이는 의회 승인이 필요하지만, 대통령이 국가 경제의 모든 중요 자산에 대한 직접적 통제 권한을 갖겠다는 포석이다.

결론: 민주주의 제도의 위기

트럼프 행정부가 추진하는 보건 접근권 축소, DEI 폐지, 공무원 제도 개편, 교육 이념화, 예산 무기화, 기업 국가화, 독립 기관 무력화 등은 개별적인 정책 변화가 아니다. 이는 정부 인력 구성부터 시민의 기본권, 경제 시스템, 정보 기반에 이르기까지 국가의 모든 영역을 대통령의 의지에 종속시키려는 통합적이고 조직적인 시도이다.

CHAPTER 9

최후의 보루, 사법부

트럼프 행정부가 공권력을 장악하고, '비상사태' 선포를 통해 행정 권한을 확장하며, 국가 규제 시스템을 자신들의 의도에 맞게 재편함에 따라, 민주주의 시스템 내에서 대통령의 권력을 견제할 수 있는 기관은 사실상 사법부만 남게 되었다.

이 장은 트럼프 행정부의 권력 확대 시도와 이를 견제하려는 사법부의 노력이 정면으로 충돌하는 과정을 분석한다. 이 갈등은 단순히 개별 정책의 합법성 여부를 판단하는 데 그치지 않고, 미국 통치체제의 핵심 원칙인 삼권분립에 대한 중대한 시험대가 된다. 행정부의 조치에 대한 법원의 판결, 그리고 이러한 판결을 약화시키거나 무력화하려는 행정부의 구체적인 전략과 그 법적 근거를 면밀히 검토하며, 사법부가 대통령의 권력 확장을 효과적으로 제어할 수 있는지 살펴본다.

하급 법원의 저항: 민주주의의 제1차 방어선

트럼프 행정부의 거침없는 권력 확장에 맞서, 전국의 하급 연방 법원들은 민주주의의 제1차 방어선 역할을 수행하기 시작했다. 2025년 하반기 기준으로 하급 및 항소 연방 법원들은 행정부의 핵심 정책들에 연이어 제동을 걸었다.

- **이민자 아동 추방 계획 중단**: 약 600명 이상의 이민자 아동을 과테말라로 강제 추방하려던 계획이 인도주의적 원칙에 위배된다며 중단시켰다. **L.G.M.L., et al., Plaintiffs, v. Kristi Noem, et al., No. 1:25-cv-02942** (D.D.C., August 31, 2025)
- **국가방위군 배치 위법 판결**: 제9순회항소법원은 로스앤젤레스에 국가방위군을 배치한 조치가 국내 치안 유지에 군사력 동원을 금지한 폭동진압법(Posse Comitatus Act)을 위반했다고 판결했다. **Newsom v. Trump, 117 F.4th 917** (9th Cir., September 2, 2025)
- **하버드 연구 기금 동결은 권한 남용**: 매사추세츠 연방지방법원은 하버드 대학에 대한 20억 달러 규모의 연구 기금 동결이 행정부의 권한 남용에 해당한다고 결정했다. **President and Fellows of Harvard College v. Trump, No. 25-cv-10910** (D. Mass. September 3, 2025)
- **'외국인 적 법(Alien Enemies Act)' 적용 제동**: 제5순회항소법원은 1798년에 제정된 '외국인 적 법'을 근거로 베네수엘라 출신 이민자를 추방하려던 행정부의 시도를 막았다. 이 판결은 법의 논리와 권력의 의지가 어떻게 충돌하는지를 상징적으로 보여준

사건이다. **W.M.M. v. Trump, No. 25-10534** (5th Cir., September 2, 2025)

다수의견: 법치주의의 원칙을 고수하다. 법원의 다수의견은 법치주의 원칙에 따라 법률을 엄격하게 해석하는 데 초점을 맞추었다. 행정부는 베네수엘라 갱단 '트렌 데 아라과(Tren de Aragua)'의 활동을 '침공(Invasion)'이라 주장했지만, 법원은 1798년 법 제정 당시 '침공'의 역사적 의미가 '국가 주도의 군사적 적대 행위'에 국한된다는 점을 명확히 했다. 갱단의 범죄가 아무리 심각하더라도, 이를 군사적 침공과 동일시할 수는 없다고 판단하며 행정부의 자의적인 법 해석에 제동을 건 것이다.

소수의견: 제왕적 권력을 옹호하다. 앤드루 올덤(Andrew S. Oldham) 판사는 소수의견에서 대통령의 권한을 강력하게 옹호했다. 그는 "지난 227년간 사법부는 대통령의 '외국인 적 법' 발동에 의문을 제기한 적이 없다"는 역사적 사실을 지적하며, '침공' 여부를 판단하는 것은 사법부의 역할이 아닌 "정치적 판단의 문제"라고 선을 그었다.

그의 논리에 따르면, 대통령은 법정에서 사실관계를 증명해야 하는 일반 소송 당사자와는 다르다. 대통령이 특정 상황을 '침공'으로 규정하는 순간, 그 선언은 더 이상 법률 해석의 대상이 아닌 국가 안보의 현실이 된다는 것이다.

그는 다수의견이 유독 트럼프 대통령에게만 다른 기준을 적용하고 있다며, 이는 사법부가 국가 최고사령관의 역할을 자처하려는 '헤라클레스적(Herculean) 오만'이라고 맹렬히 비판했다.

AP 통신에 따르면, 트럼프 2기 행정부 출범 이후 약 412건 이상의 소송이 제기되었으며, 2025년 9월 24일 기준으로 이 중 139건이 법원에 의해 부분적 또는 전면적으로 저지된 상태이다. 이는 그의 재집권 이후 내려진 28건의 주요 연방 법원 판결이 행정부에 불리했고, 단 9건만이 유리했다는 통계와도 일치한다. 이는 트럼프의 권력 확장에 대한 사법부의 단호한 저항을 보여준다.

소송의 범위는 상상을 초월한다. 뉴햄프셔 인도네시아 공동체 지원 단체 등이 주도한 '**속지주의 시민권**(Birthright Citizenship) **폐지**' 행정명령에 대한 위헌 소송부터, 연방 공무원 대량 해고, 환경 보호 규제 철회, 그리고 트랜스젠더 청소년 치료 제한에 이르기까지, 소송 목록은 트럼프 행정부가 미국의 법적, 사회적 근간을 얼마나 광범위하게 흔들고 있는지를 증명한다.

하지만 이것은 시작에 불과하다. **트럼프 행정부의 진짜 전략은 개별 전투에서 승리하는 것이 아니라, 동시다발적으로 수백 개의 전선을 만들어 사법 시스템 전체를 마비시키는 것이다.** 법적 절차는 시간과 비용이 많이 들고 복잡하다. 법원이 하나의 위헌적 정책을 막아내는 동안, 다른 수십 개의 정책이 시민들의 삶에 돌이킬 수 없는 피해를 입히고 있다.

트럼프 행정부의 반격: DOGE, '그림자 심의', 그리고 전국적 금지명령의 무력화

하급 법원의 저항에 직면한 트럼프 행정부는 더욱 교묘하고 강력한 무기를 꺼내 들었다. 그들의 전략은 세 갈래로 나아갔다. 첫째는 행정부 내 비판 세력을 제거하는 것이었고, 둘째는 하급 법원의 판결을 우회하는 것이었으며, 셋째는 하급 법원의 판결 효력 자체를 근본적으로 약화시키는 것이었다.

첫 번째 전략은 일론 머스크가 이끌었던 '정부 효율성 부서(DOGE)'였다. '관료주의 타파'라는 명분 아래 설립된 이 조직은 박물관도서관서비스연구소(IMLS), 소비자금융보호국(CFPB), 미주재단(IAF), 국립인문학기금(NEH) 등 행정부의 정책에 비판적이거나 독립적인 성향을 보인 수많은 기관의 예산을 삭감하고 폐쇄하는 역할을 했다.

두 번째 전략은 대법원의 '**긴급 심의 절차**(Emergency Docket)', 소위 '**그림자 심의 절차**(Shadow Docket)'의 남용이었다. 본래 사형 집행과 같이 긴급하고 명백한 사안에만 예외적으로 사용되던 이 절차는, 구두 변론이나 상세한 판결문 없이 신속하게 결정을 내린다. 트럼프 행정부는 이 절차를 하급 법원의 판결을 우회하는 '지름길'로 활용하기 시작했다.

- **전례 없는 남용:** 트럼프 행정부는 재집권 후 8개월 만에 28건의 긴급 심의를 요청했다. 이는 바이든 행정부 4년, 그리고 오바마와 부시 행정부 16년을 합친 것보다 3배나 많은 수치이다.
- **보수 대법원의 지원:** 트럼프가 직접 임명한 3명의 대법관을 포함한 6명의 보수 우위 대법원은 이 긴급 신청 23건 중 17건에서 행정부의 손을 들어주었다.

  대표적인 예로, 2025년 9월 26일 대법원은 행정부의 '해외 원조 40억 달러 동결' 조치를 막았던 하급 법원의 결정을 뒤집었다. 이 판결로 인해, 의회가 승인한 예산을 대통령이 집행하지 않을 수 있게 되어 한편으로는 의회의 고유 권한인 '예산권(power of the purse)'을 침해한다는 우려가 제기되었다.

아울러, 이민 정책 분야에서 내려진 결정은 훨씬 더 큰 파장을 일으켰다. 2025년 9월 8일 선고된 **Kristi Noem, Secretary, Department of Homeland Security, et al. v. Pedro Vasquez Permodo, et al.,** (No. 25A169, September 8, 2025) 판결이 바로 그 정점이었다.

미국 대법원은 하급 법원이 수정헌법 제4조 위반을 이유로 금지했던 이민 단속 작전을 전면 허용했다. **이 결정으로 인해 로스앤젤레스 지역에서는 외모가 라틴계이거나, 스페인어를 사용하거나, 특정 직종에 종사하는 것처럼 보인다는 이유만으로 불법 이민자를 단속할 수 있게 되었다.** 브렛 캐버노(Brett Kavanaugh) 대법관은 동조 의견에서 불법 이민자의 수가 매우 많다는 점을 강조하며, "상황의 총체성"을 고려할 때 인종, 언어, 장소, 직업 유형 등의 요소가 합리적 의심(Reasonable Suspicion)을 구성할 수 있다고 주장했다. 이 판결은 행정부가 이민법을 집행하는 과정에서 광범위한 재량권을 행사할 수 있다는 법적 근거를 제공한 것이다.

반면, 소니아 소토마요르(Sonia Sotomayor) 대법관은 강력한 반대 의견에서, 이러한 접근이 "명백히 무고한 매우 큰 범주의" 사람들을 의심의 대상으로 삼는 것이라며, 이는 수정헌법 제4조가 요구하는 '개별화된 의심' 원칙을 정면으로 위배한다고 비판했다. 그녀는 법원의 결정을 두고 "우리의 헌법적 자유가 상실되는 동안 방관하는 것"이라며, 사실상 특정 인종 집단 전체를 잠재적 범죄자로 취급하는 것을 허용했다고 지적했다.

이 밖에도, 2025년 5월 30일 대법원은 베네수엘라, 쿠바, 아이티, 니카라과 출신 이민자 53만 2천 명의 '가석방(parole)' 상태를 취소하는 행정부 조치를 허용했다. 이는 바이든 행정부가 부여한 인도주의적 보호를 철회하고, 신속 추방 절차를 용이하게 만드는 결정이었다.

이러한 '그림자 통치'는 사법 절차의 근간인 투명성을 심각하게 훼손한다. 호프스트라 로스쿨의 제임스 샘플(James Sample) 교수는

"대법원이 중대한 사안에 대해 최소한의 설명조차 없이 결정을 내리는 것은 사법부의 역할에 완전히 위배된다"고 비판했다. 시라큐스 대학교의 제니 브린(Jenny Breen) 교수는 절차의 불투명성을 넘어 그 파괴적 결과에 주목했다. "이미 해고된 수많은 사람들이 다시 돌아올 수 있을까? 추방된 사람들이 돌아올 가능성은 얼마나 될까?" 그림자 속에서 내려진 결정은 수많은 사람들에게 돌이킬 수 없는 상처를 남기고 있다.

세 번째 전략은 하급 법원의 가장 강력한 수단인 **가처분**(Injunction) 명령의 효력을 소송 당사자에게만 제한하는 것이었다.

트럼프 행정부의 속지주의 시민권(Birthright Citizenship) 제한 행정명령을 다룬 **Trump v. CASA, Inc.** (No. 24A884, June 27, 2025) 사건에서 미국 대법원은 "단일 소송으로 국가 전체에 적용되는 정책을 중단시키는 것"은 법원의 권한을 넘어선다고 판시하며, 소송 당사자가 아닌 제3자에게까지 효력이 미치는 전국적 금지명령(Nationwide Injunction)을 제한했다.

다수 의견을 집필한 에이미 코니 배럿(Amy Coney Barrett) 대법관은 미국 사법권의 기원을 역사적으로 해석하며, 연방 법원의 형평법상 권한(Equitable Authority)이 1789년 사법부법 제정 당시 영국 형평법 법원(Court of Equity)에서 '전통적으로 인정된' 구제수단의 범위로 한정된다고 보았다. 법원은 건국 시기의 영국이나 초기 미국 법률 실무에서 보편적 금지명령(Universal Injunction)에 해당하는 선례를 찾을 수 없으며, 이러한 명령이 20세기 들어 드물게 등장했음을 지적했다. 또한 전국적 금지명령은 소송 당사자에게 제공되는 '완전한 구제(Complete Relief)'의 범위를 넘어서는 것으로, 현대 집단소송 절차를 부적절하게 우회한다고 비판했다.

반면, 소니아 소토마요르(Sonia Sotomayor) 대법관이 주도한 반대 의견은 다수 의견이 형평법의 본질적 유연성을 오해했다고 강력히 반박했다. 반대 의견은 형평법이 시대적 요구에 따라 발전해온 전통을 강조하며, 영국의 'Bill of Peace'나 초기 미국의 납세자 소송 등 특정 당사자를 넘어선 광범위한 구제가 허용된 사례를 제시했다. 이들은 다수 의견의 엄격한 역사주의적 접근이 사법부를 제약하여, 명백히 위헌적인 행정 조치조차 효과적으로 제어하지 못하게 될 것이라고 경고했다.

결국 이 판결은 행정부가 소송을 제기한 특정 개인이나 단체에 대해서만 정책 집행을 중단하면 족하고, 그 외 모든 국민에게는 위헌 소지가 있는 정책이라도 합법적으로 계속 시행할 수 있는 길을 열었다. 이는 저항의 전선을 분열시키고, 사법부를 통한 집단적 대응을 사실상 불가능하게 만드는 치명적 결과를 초래했다.

관세 전쟁: 헌법의 심장부를 겨누다

'그림자 심의'가 절차적 허점을 이용한 기습이었다면, 관세 문제는 행정부와 사법부의 정면 대결이 벌어지는 주 전선이었다. 2025년 9월 9일, 대법원은 트럼프 대통령의 광범위한 글로벌 관세 부과가 합법적인지를 정식으로 심리하기로 결정했다. 이는 그의 경제 및 무역 의제의 핵심이자, 대통령 행정권에 대한 가장 대담한 주장을 헌법의 심판대에 세우는 중대한 사건이다.

트럼프 행정부는 1977년 제정된 **'국제 비상 경제 권한법**(International Emergency Economic Powers Act, IEEPA)'을 관세 부과의 법적 근거로 삼았다. 본래 이란이나 북한 같은 적대 국가에 대한 제재나 자산 동결을 위해 만들어진 이 법을, 트럼프 행정부는 불법 이민이나 마약 밀수 등 국가적 비상사태를 이유로 무역 파트너에 대한 관세를 부과하는 데 사용하고 있다.

2025년 8월 29일, 연방 순회 항소법원(US Court of Appeals for the Federal Circuit)은 7대 4로 "의회가 IEEPA를 통해 대통령에게 무제한적인 관세 부과 권한을 부여했다고 보기는 어렵다"며 트럼프의 손을 들어주지 않았다. 이제 공은 대법원으로 넘어갔다. 향후 10년간 수조 달러의 무역에 영향을 미칠 이 판결을 앞두고, 트럼프는 만약 패소할 경우 "무역 협정을 해체해야 할 수도 있고, 국가가 크게 고통받을 것"이라며 사법부를 향해 노골적인 협박을 가했다.

최후의 보루인가, 결탁인가

트럼프 2.0 시대의 미국은 행정부의 독단적인 권력 행사와 이를 저지하려는 사법부의 치열한 싸움이라는 전례 없는 도전에 직면했다. 하급 법원들은 시민 사회의 마지막 보루로서 고군분투하고 있지만, 보수화된 대법원은 '그림자 심의'라는 비정상적인 절차를 통해 행정부의 권력 확장에 동조하고, '전국적 금지명령'의 법적 근거를 역사적으로 재해석하여 하급 법원의 견제 능력을 체계적으로 약화시키고 있다.

이 투쟁의 결과는 단순히 개별 정책의 운명을 넘어, 미국 민주주의의 근간을 뒤흔들 중대한 의미를 가진다. 법원은 대통령 권력에 대한 견제 장치로 기능해야 하지만, 지금의 대법원은 행정부와 결탁하고 있다는 비판에서 자유로울 수 없다.

특히 관세 전쟁에 대한 대법원의 최종 판결은 미국 민주주의의 근간을 시험하는 것을 넘어, 세계 질서에 대한 판결이 될 것이다. 그 중대한 선고를 세계가 숨죽여 기다리고 있다.

CHAPTER 10

충성의 서약

2025년 9월 30일, 버지니아주 콴티코 해병대 기지. 전 세계에 흩어져 있던 미군 최고 지휘관들이 이례적으로 한자리에 모였다. 공식적인 이유는 공개되지 않았지만, 현장의 긴장감만으로도 그것이 단순한 군사 회의가 아님은 쉽게 짐작할 수 있었다.

그날, 트럼프 대통령과 피트 헤그세스(Pete Hegseth) 국방부 장관은 미군의 정체성을 뒤바꾸는 선언을 내놓았다. 헌법을 수호하던 공화국의 군대는 대통령에게 충성하는 군대로 재편되었고, 미군의 임무는 국방에서 전쟁 준비로 바뀌었다. 표면상으로는 새로운 군사 정책을 논의하는 자리처럼 보였지만, 실상 이 모임은 전군을 겨냥한 대대적인 '해빙-변화-재결빙' 정신 개조의 서막이었다.

새로운 교리: '전쟁부(Department of War)'의 귀환

변화의 서막은 국방부 장관 피트 헤그세스의 입에서 열렸다. 그의 첫마디는 충격적이었다. "전쟁부에 오신 것을 환영합니다. 국방부의 시대는 끝났기 때문입니다."

이것은 단순한 명칭 변경 이상의 의미를 지닌다. '국방(Defense)'이라는 단어가 함축하는 수동적이고 방어적인 개념을 폐기하고, '전쟁(War)'이라는 적극적이고 공격적인 단어를 전면에 내세운 것은 조직의 목적 자체를 재정의하려는 시도다. 헤그세스는 "새롭게 복원된 전쟁부의 유일한 임무는 전쟁 수행, 전쟁 준비, 그리고 승리를 위한 준비"라고 단언했다.

이는 제1장에서 분석한 트럼프의 설득 전략이 국가기관에 어떻게 적용되는지를 보여준다. 복잡한 지정학적 상황과 외교관계를 뒤로 한 체 '전쟁 준비'라는 단순하고 강력하며 감성적인 목표를 제시한다. 이는 군인들에게 '전사(Warrior)'라는 명확한 정체성(Identity)을 부여하며, 조직의 모든 에너지를 단 하나의 목표, 즉 '승리'를 향해 집중시키는 전략이다.

이념적 정비와 재건: 군대에 적용된 '해빙-변화-재결빙'

헤그세스의 연설은 '해빙-변화-재결빙'식의 정신 개조 모델이 거대한 국가 조직을 재구성하는 데 어떻게 적용될 수 있는지 보여준다.

1단계: 해빙(Unfreezing) – 낡은 현실의 파괴

헤그세스는 '수십 년간의 부패'를 청산하겠다며 과거와의 단절을 선언했다. 그의 공격 대상은 명확했다. 다양성, 형평성, 포용성(DEI) 프로그램, 기후 변화에 대한 우려, 성 평등 정책 등 소위 '워크(woke) 쓰레기'들이 군을 약화시켰다는 것이다. 그는 "우리는 워크 부서가 되었지만, 더 이상은 아닙니다"라고 선언하며 기존의 가치 체계를 정면으로 부정했다.

이 '해빙' 작업의 핵심 도구는 인사권이었다. 그는 "인사가 곧 정책"이라며, 과거 '워크 부서'의 문화를 만들었거나 그로부터 이득을 본 지휘관들을 숙청했음을 인정했다. "밀리 같은 인물들은 사라지고, 패튼 같은 인물들이 들어설 것"이라는 그의 발언은 단순한 인사 교체를 넘어, 군 지휘부의 DNA 자체를 바꾸겠다는 이념적 숙청 선언이었다.

2단계: 변화(Changing) – 새로운 정체성의 주입

기존의 가치를 파괴한 자리에 헤그세스는 새로운 '전사 문화(Warrior Ethos)'를 주입했다. 그는 10개의 새로운 지침을 발표하며 군의 모든 측면을 재설계했다.

- **신체 기준의 재정의**: 모든 전투 병과의 체력 기준은 "가장 높은 남성 기준으로만" 회귀한다. 그는 "만약 여성이 일부 전투 직무에 자격을 갖추지 못하게 된다면, 그렇게 될 것입니다(so be it)"라고 말하며 결과적 불평등을 감수하겠다고 밝혔다.
- **외모 통제**: "수염 난 녀석들(beardos)의 시대는 끝났다"며 엄격

한 용모 규정을 예고했다. 이는 개인의 표현을 억제하고 집단의 통일성을 강조하는 전형적인 전체주의적 통제 방식이다.

- **사고 통제:** 비판을 '독성'으로, 순응을 '리더십'으로 재정의하다. 헤그세스는 '독성 리더십(toxic leadership)'의 정의를 재검토하겠다고 선언했다. 이는 행정 조치를 넘어, 비판적 사고 자체를 억압하기 위한 정교한 언어 전략이다. 새로운 기준에 저항하거나 의문을 제기하는 행위는 '독성'으로 규정되는 반면, 지휘관들이 '눈치를 보지 않고' 새로운 이념을 강요하는 것은 강력한 리더십으로 포장된다. 나아가 그는 익명 제보 시스템을 폐지하고, 괴롭힘이나 따돌림 같은 단어들이 "무기화되었다"고 주장했다. 이는 내부로부터의 비판을 '악의적인 공격'으로 폄하하고, 반대의 목소리를 낼 수 있는 마지막 안전장치마저 제거하려는 시도다. 이로써 하급자들은 부당함에 침묵하도록 강요받고, 조직 내 비판의 통로는 사실상 원천적으로 차단된다.

이 모든 조치는 하나의 목표를 향한다. 즉, 비판적으로 사고하는 개인을 없애고, 오직 상부의 명령에 절대적으로 복종하며 '전쟁 준비'라는 단일 목표에만 매진하는 '전사'를 양성하는 것이다.

3단계: 재결빙(Refreezing) – 새로운 현실의 공고화

새롭게 주입된 '전사 문화'는 훈련 시스템을 통해 공고화된다. 헤그세스는 신병 훈련소를 "무섭고, 힘들고, 훈련된" 공간으로 되돌리고, 훈련 교관들에게 "신병의 몸에 손을 댈 수 있는" 권한을 부여하겠다고 약속했다. 이는 폭력의 내면화를 통해 새로운 질서를 조직의 가장 말단에서부터 각인시키는 과정이다. 또한 모든 진급은 오직

'능력(Merit)'에 기반할 것이라고 선언했다. 그러나 여기서 말하는 '능력'이란 새로운 정권의 이념, 즉 '전사 문화'에 대한 충성도와 동의어다. 이 새로운 현실 속에서 이의를 제기하는 자는 '능력 없는' 자로 낙인찍혀 도태될 것이다.

새로운 적, 새로운 전쟁터: '내부의 적'과 도시의 군사화

헤그세스가 군대의 체질을 바꾸는 '어떻게(How)'에 집중했다면, 뒤이어 등단한 트럼프 대통령은 그 목적, 즉 '왜(Why)'를 명확히 했다. 그의 연설은 재창조된 군대의 칼끝이 향할 새로운 적이 누구인지를 분명히 보여주었다.

"이것은 내부로부터의 전쟁입니다."

트럼프는 민주당이 이끄는 시카고, 뉴욕, 로스앤젤레스 같은 도시들을 "매우 안전하지 않은 곳"으로 규정하며 "하나씩 바로잡겠다"고 선언했다. 그리고 충격적이게도, 그는 "이 위험한 도시들을 우리 군의 훈련장으로 사용해야 한다"고 제안했다.

이 발언은 미국 헌정사에서 가장 위험한 발언 중 하나로 기록될 것이다. 그는 '시민 항의(Civil Disturbances)'를 '내부의 적(Enemy From Within)'으로 규정하고, 이민자 문제를 '침략(Invasion)'으로 묘사하며 군대 동원을 정당화하고 있다. 군대가 외국의 적이 아닌 자국민, 특히 정치적 성향이 다른 지역의 시민들을 잠재적 '적'으로 간주하고 그들을 상대로 훈련하겠다는 발상은, 미국 민주주의와 헌법 정신을 근본부터 뒤흔드는 권위주의적 사고와 다르지 않다.

자국민의 특정 집단을 '적'으로 낙인찍고 증오를 선동하면, 이들을 향한 국가 폭력 사용도 정당화될 수 있다. 한 번 적으로 규정된 집단은 헌법이 보장하는 시민권에서 배제되며, 군대와 경찰은 사법부의 제약 없이 이들을 통제하거나 제거할 합법적 명분을 갖게 된다.

도시를 장악하는 군인들, 침묵하는 장군들

콴티코에 모인 수백 명의 장군과 제독들은 트럼프와 헤그세스의 연설 내내 거의 완벽하게 침묵을 지켰다. BBC 보도에 따르면, 청중석에서는 트럼프가 무대에 오르고 내려갈 때 수백 개의 군화가 부딪히는 소리 외에는 거의 아무 소리도 들리지 않았다. 많은 장군들은 헤그세스가 연설하는 동안 군용 수첩에 무언가를 적을 뿐이었다.

그들의 침묵은 무엇을 의미하는가? 암묵적 동의였을까, 아니면 거부할 수 없는 권력 앞에서 느낀 공포였을까, 혹은 이미 현실을 체념한 무력감이었을까?

콴티코 정상회담은 단순한 회의가 아니었다. 그것은 트럼프 행정부가 미국의 군사력을 헌법과 공화국이 아닌, 대통령 개인에게 충성하는 군대로 재편했음을 공식화한 의식이었다.

이는 미국 민주주의의 종언을 예고하는 가장 불길한 징조이다.

CHAPTER 11

AI 선전의 시대 (The Age of AI Propaganda)

정치는 본질적으로 서사(Narrative)의 싸움이다. 권력은 그 서사를 가장 설득력 있고 끈질기게 주도하는 자에게 돌아간다.

도널드 트럼프 대통령은 인공지능(AI)을 활용해 상대방의 서사를 무력화하고 있다. 그는 AI로 제작한 이미지와 영상으로 자신에게 불리한 서사를 조롱하고 대중의 관심을 분산시켜 유머를 통해 반대 세력에 대한 공감을 차단한다.

이는 현대 정치에서 AI가 서사의 형성과 권력 유지의 핵심 도구로 자리 잡았음을 보여준다. 사람들은 AI가 만든 이미지와 영상이 가짜임을 뻔히 알면서도 여전히 그것에 주목하고, 웃고 농담을 주고받는다. 이러한 과정을 통해 대중은 웃음 속에서 반대 세력이 제기하는 메시지의 진실성과 심각성을 무의식적으로 간과하게 된다.

트럼프가 이끄는 **AI 선전의 시대**(The Age of AI Propaganda)에 사는 우리는 유머 뒤에 숨은 그의 치밀한 전략을 이해할 필요가 있다. 왜냐하면 우리 또한 AI가 만든 이미지와 영상을 보고 웃을 때, 이미 그의 서사에 한 편이 되어 있기 때문이다.

AI 선전의 작동 원리

트럼프의 AI 활용 전략은 네 가지 핵심 메커니즘으로 작동한다.

첫째, 서사의 전복(Narrative Subversion): 상대방이 제기한 비판이나 문제점들에 대해 직접 반박하는 대신, AI로 생성한 과장되고 우스꽝스러운 이미지로 그 서사 자체를 조롱한다. 이는 진지한 논의를 불가능하게 만들고, 비판의 날을 무디게 한다.

둘째, 주의 분산(Attention Diversion): AI가 만든 콘텐츠는 '바이럴(Viral)'성이 높아 순식간에 소셜 미디어를 장악한다. 사람들은 원래의 이슈보다 AI 이미지 자체에 더 많은 관심을 쏟게 되며, 본질적인 문제는 뒤로 밀려난다.

셋째, 감정적 무장해제(Emotional Disarmament): 유머는 분노를 중화시키는 강력한 도구다. AI 콘텐츠를 통해 웃음을 유발함으로써 대중의 비판적 감정을 해소시키고, 반대 세력에 대한 공감을 차단한다.

넷째, 진실과 허구의 경계 붕괴(Blurring the Line between Truth and Fiction): AI 선전의 가장 위험한 측면은 진실과 허구의 경계를 의도적으로 모호하게 만든다는 점이다. 사람들은 AI 생성 콘텐츠가 가짜라는 것을 알면서도 그것에 반응한다.

이러한 환경에서는 '팩트 체크(Fact-Check)'가 무력화된다. 어떤 이미지가 가짜라고 지적해도, "원래 농담이었다"는 변명 뒤에 숨을 수 있다. 동시에 그 이미지가 만들어낸 인상과 감정은 대중의 의식 속에 각인된다.

AI 선전의 구체적 양상: 트럼프의 활용법

뉴욕타임스의 분석에 따르면, 트럼프는 2022년 말부터 자신의 Truth Social 계정에 AI로 생성된 이미지나 영상을 최소 62회 게시했다. 이 가짜 이미지들은 정치적 라이벌에 대한 신랄한 공격, 자신에 대한 아첨적 묘사, 그리고 AI 도구로 만든 정치 캠페인 자료를 포함한다.

공격의 무기로서의 AI(최소 14회): 트럼프는 민주당 지도자들과 공화당 경쟁자들을 포함한 반대 인사들을 AI 이미지로 최소 14회 공격했다. 10월에는 미국 연방정부 셧다운 직후 민주당 하원 원내대표 하킴 제프리스(Hakeem Jeffries)를 전형적인 멕시코 복장으로 묘사한 영상을 게시했다. 이 영상은 AI를 사용해 민주당 상원 원내대표 척 슈머(Chuck Schumer)의 목소리를 교체하여 마치 그가 민주당을 폄하하는 것처럼 보이게 만들었다. 제프리스는 텔레비전 성명에서 이 영상을 인종차별적이라고 비판했다. 그러자 트럼프는 그 인터뷰를 다시 게시했는데, 이번에는 AI 도구로 편집하여 네 명의 AI 버전 트럼프 대통령이 마리아치 밴드(mariachi band) 멤버로 등장하도록 만들었다.

이 외에도 버락 오바마 전 대통령의 가상 체포 영상은 소셜 미디어를 통해 빠르게 확산되었으며, 한국의 주요 뉴스 매체에서도 보도될 정도로 화제가 된 바 있다.

캠페인 도구로서의 AI(최소 19회): 2024년 선거를 앞두고 트럼프는 자신의 대선 캠페인을 지원하기 위해 최소 19개의 AI 이미지나 영상을 게시했다. 여기에는 일론 머스크가 D.O.G.E. 로고 옆에 있는 이미지가 포함되었다. 또한 트럼프는 "개방된 국경"의 위험성을 시각화하기 위해 AI 도구를 활용해 이상적인 도시 장면과 불법 이민자들로 혼잡한 도로 장면을 대비시키는 두 개의 이미지를 만들어 유권자들에게 메시지를 전달하기도 했다.

자화상의 도구(최소 21회): 트럼프는 자신에 대한 환상적인 자화상을 최소 21회 게시했다. 예를 들어, 자신을 때론 교황으로, 노벨 평화상 수상자로, 심지어 왕으로 묘사하기도 했다. 노벨 평화상을 받지 못하자, 그는 이스라엘 정부가 환호하는 가운데 자신이 상을 받는 장면을 연출한 이미지를 공유했다.

'노 킹스(No Kings)' 시위: "누가 신경이나 쓰겠는가?"

2025년 10월, 트럼프가 이끄는 AI 선전(AI Propaganda)이 어떤 방식으로 작동하는지를 여실히 보여주는 사건이 발생했다.

10월 19일 토요일, 전국적인 '노 킹스(No Kings)' 시위가 50개 주 전역의 도시와 마을에서 벌어졌다. 참가자들은 "나는 어떤 왕에게도 충성을 맹세하지 않는다"와 같은 팻말을 들고 대통령을 독재적으로 행동한다고 비난하는 구호를 외쳤다. 이는 6월에 약 500만 명이 참여한 전국적 시위에 이은 두 번째 대규모 시위였다.

그날 늦은 밤, 트럼프는 자신의 Truth Social 계정에 AI로 생성된 영상을 하나 게시했다. 케니 로긴스의 <Danger Zone>을 배경음악으로 한 이 짧은 영상에서, 왕관을 쓴 트럼프는 '킹 트럼프'라고 표시된 '탑건' 스타일의 전투기를 조종하며 미국 도시 상공을 날아다니며 시위대 머리 위에 배설물처럼 보이는 갈색 액체를 쏟아부었다.

백악관 커뮤니케이션 디렉터 스티븐 청(Steven Cheung)은 소셜 미디어에서 대통령이 "이 노 킹스 패배자들 위에 똥을 싸고 있다"며 기쁨을 감추지 못했다. 백악관은 또한 트럼프와 부통령 JD 밴스가 왕관을 쓴 AI 생성 이미지를 게시하며 "모두들 좋은 밤 되세요"라고 왕관 이모지와 함께 올렸다.

시위에 대한 논평이 있는지 묻자, 백악관 대변인 아비게일 잭슨(Abigail Jackson)은 이메일로 짧게 답했다: "누가 신경이나 쓰나요?"

AI 선전의 파급력을 실시간으로 보여준 대표적인 사건이다.

AI 선전의 숨은 제작자들: Dilley 3000 Meme Team

트럼프 대통령이 직접 AI 이미지와 영상을 만들거나 편집한다고 생각하면 큰 오산이다. 그의 뒤에는 **Dilley 3000 Meme Team**이라 불리는 비공식 '프로파간다(Propaganda)' 제작팀이 존재한다.

이 팀은 트럼프에게 깊이 충성하고 민주당을 비방하는 수십 개의 AI 기반 이미지와 비디오를 제작한 바 있다. 최근 연방정부 셧다운 사태가 벌어진 직후, 트럼프는 자신과 내각 구성원들이 저승사자를 연상시키는 검은 망토를 입은 영상을 게시했다. 이 불길하면서도 극적인 이미지는 바로 Dilley 3000 Meme Team의 작품이었다.

그 중심에는 팟캐스터이자 전 의회 후보였던 브렌든 딜리(Brenden Dilley)가 있다. 그는 온라인상에서 조직된 콘텐츠 제작자들과 함께 트럼프 진영을 위한 AI 선전 콘텐츠 네트워크를 구축했다.

딜리는 트럼프의 재선 캠페인 기간 중 X(구 트위터)에 이렇게 썼다:

"진실은 더 이상 중요하지 않다. 당신이 해야 할 일은 바이럴(Viral)되는 것뿐이다."

그의 말은 AI 선전 시대의 핵심을 정확히 짚는다. 이제 목표는 진실이 아니라, 확산이다. 사실(Fact)이 아니라 서사(Narrative)가 권력을 만드는 시대가 도래한 것이다.

불법 이민자 단속에 활용되는 AI

AI 선전은 단지 이미지와 영상에 국한되지 않는다. 그것은 실제 억압적 정책과 결합될 때 더욱 위험해진다. 트럼프 행정부의 이민 정책은 이를 극명하게 보여준다.

트럼프 취임 이후 미국에서 40만 명이 추방되었다. 행정부는 불법 이민자와 범죄자만 추방한다고 주장했지만, 추방된 사람의 거의 65%가 범죄 기록이 전혀 없었다.

이민자에 대한 전쟁은 '인공지능으로 슈퍼차징되고 있다'. 데이터 추출 거대기업 **Palantir**는 'Immigration OS'라는 새로운 이민자 추적 플랫폼을 구축하기 위해 3천만 달러 계약을 획득했다. Palantir는 이스라엘에서 사용되는 표적 지정 및 감시 기술을 국토안보부(Department of Homeland Security, DHS)와 이민세관단속국(U.S. Immigration and Customs Enforcement, ICE)에 판매한다. 이러한 기술은 전시에 사용되는 도구를 활용하여 감시 네트워크, 개인의 삶 매핑, 소셜 미디어 연결, 가족 관계, 전화 데이터와 같은 상세한 정보를 수집하며, 이는 이민자들에 대해 '극도로 잔인한 방식으로' 사용된다.

국무부는 **Catch and Revoke** 프로그램을 시작했다. 이는 AI를 사용하여 비자 소지자의 소셜 미디어를 스캔하여 팔레스타인에 대한 지지를 식별하여 그들을 '반미, 반이스라엘, 반유대주의'로 분류한다.

또한, 백악관은 불법 체류자 추적을 게임으로 묘사하는 비디오 몽타주를 직접 게시했으며, 이민자들을 포켓몬에 비유했다. 이는 AI 선전이 단순한 이미지 조작을 넘어 실제 정책적 억압을 정당화하고 평범화하는 도구로 사용되고 있음을 보여준다.

빈곤층 – AI 선전의 '숨겨진 희생자'

트럼프의 AI 선전(AI Propaganda) 전략은 경제적 양극화와도 깊이 연관되어 있다. 표면적으로 견고해 보이는 미국 경제는 주로 상위 10%의 부유층 소비에 의해 지탱되고 있는 통계적 착시에 불과하다.

인플레이션과 약화되는 노동 시장 속에서 저소득층은 점점 더 큰 고통을 겪고 있다. 트럼프 행정부의 무역 전쟁, 연방 공무원 감축, 그리고 이민자 단속 강화는 농부, 지역사회, 이민자 노동력에 의존하는 산업 전반에 큰 부담을 안기고 있다.

그렇다면 이들은 왜 분노하지 않는가?

AI 선전은 이 질문에 대한 답을 제공한다. 경제적 불안정과 '뒤처졌다'는 감정은 '미국을 다시 위대하게(MAGA)' 현상의 핵심 연료이다. 트럼프는 이들의 경제적 고통을 해결하는 대신, AI를 이용해 그들의 분노를 다른 곳으로 돌리고 있다.

'노 킹스(No Kings)' 시위대를 조롱하는 영상, 이민자를 '포켓몬'에 비유하는 영상, 민주당 의원을 악마화하는 이미지들은 저소득층의 시선을 경제적 박탈감에서 문화적 적대감으로 이동시킨다. AI 선전이 만들어낸 시끄러운 '문화 전쟁'의 서사가 '계급 문제'라는 조용한 서사를 완벽하게 압도하는 것이다. 대중이 AI가 만든 우스꽝스러운 가짜 이미지에 웃는 사이, 그들 자신의 경제적 고통은 사회적 의제에서 밀려나게 된다.

AI 선전의 궁극적인 목적은 '분열과 통치'에 있다

AI 선전의 궁극적인 목적은 단순한 정보 조작이 아니다. 그것은 '분열과 통치(Divide and Conquer)'라는 고전적 권력 전략을 21세기 기술로 재현하는 것이다. 트럼프 대통령이 AI 선전을 통해 이루고자 한 것은 국민을 통합하는 것이 아니라, 미국 사회를 인위적으로 분열시켜 자신의 권위를 공고히 하는 일이다.

트럼프는 대통령의 전통적 역할인 국민 통합을 의도적으로 거부했다. 그는 자신에게 충성하는 집단을 '우리'로, 비판 세력을 '적'으로 규정하며 미국 사회를 두 개의 진영으로 분열시켰다. 트럼프는 이러한 분열이 자신에게 정치적 이익을 가져온다는 사실을 명확히 인식하고 있다. 왜냐하면 그는 '국민 통합' 없이도 권력을 유지할 수 있기 때문이다. 그리고 AI를 활용한 선전은 그 목표를 실현하는 데 가장 강력한 무기가 되었다.

미국 사회는 이제 '화해할 수 없는 분열(Irreconcilable Differences)'의 징후를 보이고 있다. 거리로 나온 시민들의 저항이 만들어내는 실제 서사와, AI가 생성한 가짜 이미지와 영상을 기반으로 한 조작된 서사가 정면으로 충돌하는 시대가 도래한 것이다.

이처럼 AI 선전은 현실과 허구의 경계를 무너뜨리며, 사람들을 서로 다른 현실 속에 가두는 새로운 형태의 정치적 분열을 만들어내고 있다.

PART 04

국가의 생존 전략

국제 질서가 힘과 두려움에 의해 다시 쓰이는 시대, 대한민국은 어떻게 생존해야 하는가? 제 4 부는 이제 분석을 넘어 우리 앞에 놓인 냉혹한 현실에 대한 구체적인 대응 방안을 모색한다.

우리는 더 이상 데이터와 논리만으로 협상 테이블에서 국익을 지킬 수 없다. 이제 우리는 우리만의 내러티브(Narrative)를 만들어 미국 국민과 직접 소통해야 한다. 트럼프 대통령에게 협상이란, 단순한 정책 결정이 아니라 미국 국민에게 '위대한 미국'을 보여주기 위한 일종의 '공연'이다. 공연자는 관중의 열광과 환호에 설득되고 움직인다. 따라서 조연 역할을 맡은 대한민국은 관중의 마음을 설득해, 그 열광이 자연스럽게 우리 국익에 유리하게 흐르도록 해야 한다.

CHAPTER 12

세계를 향한 선포

국내에서 권력을 공고히 한 트럼프 대통령은 이제 시선을 국제 무대로 돌리기 시작했다. 그 시선 끝에는 세계의 규칙과 표준을 오직 미국의 이익에만 부합하도록 재정립하려는 구상이 자리 잡고 있다.

2025년 9월 23일, 뉴욕 유엔 총회장은 이 새로운 시대의 개막을 알리는 무대가 되었다. 기존의 국제 질서를 지탱하던 이성과 합의의 원칙은 조롱당했고, 오직 힘과 두려움, 그리고 자국의 이익만이 유일한 진리처럼 선포되었다. 이 냉혹한 현실 속에서 세계는 각자의 생존 전략을 찾아야 하는 절박한 과제에 직면하게 되었다.

트럼프의 유엔 연설: 되돌아온 '미국 우선주의'와 노골적인 내정 간섭

트럼프 대통령의 연설은 시작부터 끝까지 **'미국 우선주의**(America First)'의 강렬한 부활을 알리는 선전포고였다. 그는 자신의 재임 8개월을 '미국의 황금기(Golden Age of America)'라 칭하며, 이전 행정부의 '약점과 무법'이 초래한 재앙을 자신이 뒤집었다고 주장했다. 에너지 비용 하락, 인플레이션 종식, 사상 최고치의 주식 시장, 그리고 17조 달러의 투자 유치를 과시하며, 미국이 다시 "사업하기 가장 좋은 나라"가 되었다고 자찬했다.

연설의 가장 강경한 부분은 국경과 이민 문제였다. 그는 남부 국경에서의 불법 이민을 '거대한 침략(Colossal Invasion)'으로 규정하고, 자신의 강경책으로 지난 4개월간 불법 입국자 수가 '제로'였다고 주장했다. 나아가 그는 유엔이 식량, 쉼터, 현금 지원을 통해 "서방 국가들과 그 국경에 대한 공격에 자금을 지원하고 있다"고 맹비난하며, 다른 국가들에게도 "이민이 여러분의 나라를 파괴하고 있다"고 경고했다.

국제 관계에 있어서도 그는 자신을 '전쟁 종식자'로 내세웠다. 7개의 '끝없는 전쟁'을 7개월 만에 종식시켰으며, 특히 '작전명 미드나잇 해머'로 이란의 핵 시설을 파괴했다고 밝혔다. 우크라이나 전쟁에 대해서는 유럽 동맹국들이 러시아산 에너지를 구매하며 전쟁 자금을 대고 있다고 비판하며, 즉시 구매를 중단하지 않으면 강력한 관세를 부과할 것이라고 위협했다. 기후 변화에 대해서는 탄소 배출을 '악의적인 의도를 가진 사람들이 꾸며낸 사기(hoax)'로, 재생에너지를 '농담(joke)'으로 치부하며 기존의 입장을 재확인했다.

그러나 연설의 핵심은 타국의 주권적 결정에 대한 노골적인 개입 시도였다.

- **브라질에 대한 관세 위협:** 브라질이 "미국 시민의 권리를 침해하고, 검열, 억압, 사법 부패"를 자행하고 있다며 주요 관세를 부과할 것이라고 선언했다.
- **유럽에 대한 에너지 정책 요구:** 유럽 국가들이 러시아산 에너지 구매를 즉시 중단하지 않으면 러시아를 향한 미국의 관세 부과에 동참해야 한다고 압박했다.
- **이민 및 환경 정책 비판:** 유럽의 이민 정책을 "바보같은 생각"이라며 "당신들의 나라가 지옥으로 가고 있다"고 경고했고, 독일이 화석 연료로 돌아간 것을 칭찬했다.
- **특정 지도자 비하:** 런던 최초의 무슬림 시장인 사디크 칸(Sadiq Khan)을 "끔찍한 시장"이라고 부르며 런던이 "변해버렸다"고 공개적으로 폄하했다.

이러한 발언들은 다른 나라의 내정까지 자신의 입맛에 맞게 바꾸려는 노골적인 시도로 볼 수 있다.

'51번째 주'가 될 뻔한 캐나다의 교훈

트럼프의 발언은 단순한 수사(Rhetoric)가 아니다. 트럼프의 외교는 실제 행동 없이, 노골적인 발언 그 자체만으로도 한 나라를 혼란에 빠뜨릴 수 있다는 점에서 더욱 위협적이다. 국경을 맞댄 캐나다는 그 힘을 누구보다 고통스럽게 실감해야 했다.

2024년 말부터 2025년 초, 트럼프는 **쥐스탱 트뤼도**(Justin Trudeau) 당시 캐나다 총리를 노골적으로 조롱했다. 그는 트뤼도를 “캐나다라는 위대한 주의 주지사(Governor of the Great State of Canada)”라고 비꼬았고, 캐나다가 미국의 “51번째 주”가 되어야 관세를 피할 수 있다고 공공연히 말했다. 마라라고(Mar-a-Lago)에서 열린 만찬에서는 사람들로 붐비는 식당에서 트뤼도 총리를 옆에 세워두고 음반 DJ 역할을 하며 그를 공개적으로 굴욕시켰다.

이러한 굴욕적인 발언들은 즉각적으로 트뤼도 총리를 캐나다 유권자들 앞에서 나약하고 무능한 지도자로 보이게 만들었다. 결국 그는 2025년 1월 총리직에서 스스로 물러났고 이어진 2025년 4월 캐나다 총선에서는 자유당의 **마크 카니**(Mark Carney)가 트럼프를 상대할 최고의 협상가라는 이미지를 바탕으로 당선되었다. 이는 사실상 트럼프의 발언만으로도 한 국가의 선거 결과를 좌우할 수 있다는 증거이며, 트럼프의 아주 치밀하고 교묘한 내정 간섭의 모습이었다.

도널드 트럼프의 캐나다 내정 간섭은 트뤼도 정부를 향한 공격에서 그치지 않았다. 이번에는 당시 부총리 겸 재무장관을 역임했던 크리스티아 프릴랜드(Chrystia Freeland)를 직접 겨냥했다. 프릴랜드는 트럼프에게 결코 낯선 인물이 아니었다. 그녀는 트럼프의 첫 임기 시절, 새로운 NAFTA(USMCA) 협상에서 캐나다 측 수석 협상가로 나섰고, 당시 트럼프는 그녀를 지나치게 까다로운 협상가로 여기며 불만을 공개적으로 드러낸 바 있었다.

2026년 예정된 USMCA 재검토를 앞두고, 트럼프는 프릴랜드를 미리 협상 테이블에서 배제하기 위해 움직였다. 그는 소셜 미디어를 통해 프릴랜드를 “완전히 독성(totally toxic)”이라고 공개 비난하며, 캐나다 정부 내 기존의 분열을 더욱 부채질했다. 새로운 미국 관세 위협을 둘러싼 대응 전략을 놓고, 프릴랜드와 트뤼도 총리 간의 의견 불일치는 최고조에 달했다.

결국 프릴랜드는 차기 총리인 마크 카니가 이끄는 캐나다의 USMCA 무역 협상팀에서도 배제되었다. 그리고 2025년 9월, 그녀는 우크라이나 특사로 임명되면서 캐나다 내각에서 공식적으로 사임했다.

이 사건은 트럼프가 마음에 들지 않는 협상가들을 주요 직위에서 배제하며 동맹국 내부 정치에 직접적인 영향을 미칠 수 있음을 보여주는 충격적인 사례로 기록되었다.

이재명 대통령의 유엔 연설: 연대와 다자주의로 그리는 대한민국의 길

트럼프의 연설 바로 다음 날, 대한민국의 이재명 대통령은 유엔 총회 연단에 서서 극명하게 대비되는 메시지를 던졌다. 그는 “지난 겨울, 내란의 어둠에 맞서 대한민국 국민들이 이뤄낸 ‘빛의 혁명’은 유엔 정신의 빛나는 성취”라며, 대한민국의 민주주의 회복 경험을 국제 사회와 나누겠다고 약속했다.

그는 세계가 직면한 기아, 분쟁, 기후 위기 등의 공동 과제를 해결하는 방법으로 트럼프식의 일방주의가 아닌 “더 많은 민주주의”와 “다자주의적 협력”을 제시했다. 특히 한반도 평화에 대해서는 “상대의 체제를 존중하고, 어떠한 형태의 흡수통일도 추구하지 않을 것”임을 분명히 하며 북한의 내정에 대한 불간섭 원칙을 천명했다.

나아가 그는 한반도의 적대 시대를 종식(END)시키기 위한 “E.N.D. 이니셔티브”를 제안했다. 이는 교류(Exchange), 관계 정상화(Normalization), 비핵화(Denuclearization)를 포괄하는 실용적이고 단계적인 대화 해법이었다. 또한 AI 시대의 안보, 기후 위기 대응, 글로벌 개발 거버

넌스 개혁 등을 주도하며 글로벌 책임 강국으로서의 역할을 다하겠다는 의지를 밝혔다.

한국의 전략적 방향

두 정상의 연설은 국제 질서를 바라보는 두 개의 상반된 세계관을 상징적으로 보여주었다.

구분	도널드 트럼프 대통령	이재명 대통령
핵심 가치	자국 중심주의 (미국 우선주의)	국제 협력 및 다자주의
접근 방식	일방주의, 강압적 (관세 위협, 내정 간섭)	상호 존중, 가치 공유 (민주주의, 인권)
국가 역할	동맹국을 자국 이익의 하위 파트너로 재편	글로벌 거버넌스 기여를 통한 외교 공간 확보
해법	힘에 의한 질서 및 거래 (Deal)	대화와 협력을 통한 평화 및 규범(Rule)

이러한 세계관의 차이는 곧바로 외교 정책의 충돌로 이어진다. 특히 '미국 우선주의'를 내세운 트럼프 대통령의 접근 방식은, 전통적인 동맹의 틀을 깨고 노골적인 압박을 가하는 형태로 나타난다.

언어를 무기화하는 트럼프식 외교: 한국을 정조준하다

캐나다 사례가 보여주듯, 트럼프식 외교는 노골적 언사를 통해 동맹국 내부의 정치적 혼란을 의도적으로 유발하는 것이다. 대한민국은 2025년 9월, 이러한 위협을 직접 경험했다. 트럼프 대통령은 아무런 예고 없이 한국의 대미 투자액 3,500억 달러를 "**선불**(up front)"로 요구하며 동맹을 거래적 관계로 재규정했다.

이 금액이 갖는 의미는 충격적이다. 한국 외환보유액의 약 80%에 달하는 규모로, 안전장치(예: 한미 통화스와프) 없는 현금 투자는 '제2의 IMF 위기' 가능성을 불러일으킬 수 있다. 여당은 이를 "동맹의 탈을 쓴 도둑질," "불평등 조약"이라 강하게 비난했고, 한국 정부조차 미국 측 요구가 "객관적으로 감당할 수 없는 범위"임을 공식적으로 인정했다. 이는 트럼프 대통령의 말 한마디가 어떻게 국가적 혼란으로 즉각 이어질 수 있는지를 시사한다.

심층 분석: 트럼프식 외교의 3단계 압박 구조

트럼프가 사용한 "up front"라는 표현은 단순한 말 실수가 아니다. 이는 계산된 협상 압박 수단이다. '선불'이라는 단어는 세 가지 심리적 · 정치적 효과를 동시에 발생시킨다.

1. 주권의 격하

트럼프가 사용한 "up front(선불)"라는 표현은 한국을 대등한 동맹 파트너가 아닌 '선지급해야 하는 하청업체'로 재위치시킨다. 이는 단순한 언어 선택이 아니라 권력 관계의 재정의다.

전통적 동맹 관계에서 투자는 '상호 이익'의 프레임으로 논의된다. 한국이 미국에 투자하면, 한국 기업은 미국 시장 접근권을 얻고, 일자리를 창출하며, 수익을 기대한다. 미국은 외국인 투자를 유치하고 경제를 활성화한다. 양국 모두 이익을 얻는 윈-윈(Win-Win) 구조다. 이 프레임에서 한국과 미국은 대등한 협상 파트너다.

그러나 '선불'이라는 단어는 이 구조를 완전히 전복시킨다. '선불'은 다음과 같은 의미를 갖는다:

- **일방적 의무:** 한국이 먼저 돈을 내야 한다는 의무만 강조되고, 미국이 제공할 대가는 불명확하다.
- **신뢰의 비대칭:** '선불'은 상대방을 신뢰하지 않을 때 요구하는 조건이다. 즉, 트럼프는 한국이 '나중에 약속을 어길 수 있다'고 의심하는 것으로 프레임을 설정한다.
- **협상력의 소멸:** 선불을 낸 후에는 협상 레버리지가 사라진다. 돈을 먼저 낸 하청업체는 이후 불리한 조건을 받아들일 수밖에 없다.

더 근본적으로, '선불'은 한국의 주권적 의사결정 능력을 부정한다. 정상적인 투자 결정에서 한국 기업과 정부는 다음을 결정할 권리가 있다:

- 어디에 투자할 것인가(투자처 결정권)
- 얼마나 투자할 것인가(투자 규모 결정권)
- 언제 투자할 것인가(시기 결정권)
- 어떤 형태로 투자할 것인가(직접투자/간접투자/대출 등)

그러나 트럼프의 '선불' 요구는 이 모든 결정권을 미국으로 이전시킨다. 실제로 트럼프는 일본식 투자 조건, 미국이 투자처를 결정하고 수익의 90%를 가져가는 방식을 강요하고 있다. 이는 한국이 돈만 대고, 미국이 모든 것을 결정하는 구조다. 이것은 투자가 아니라 조공(朝貢)의 형태를 띤다.

이는 한국 국민들에게 깊은 모욕감을 안긴다. 트럼프는 한국을 '돈만 대는 하청업체'로 격하시킴으로써, 한국 국민의 자존심을 직접 공격하는 것이다.

그렇다면 트럼프는 '선불'이라는 단어 하나로 구체적으로 어떤 우위를 점하게 되는가?

첫째, 협상의 판을 자신에게 유리하게 설정한다. '상호 투자'라는 대등한 구도를 '선불 지급'이라는 일방적 상하 관계로 비틀어, 한국을 방어적인 입장으로 몰아넣는다. 모든 논의는 한국이 돈을 내야 한다는 전제 위에서 시작되므로, 한국은 협상이 시작되기도 전에 불리한 위치에 놓인다.

둘째, 한국의 가장 강력한 협상 카드를 선제적으로 무력화시킨다. 투자는 원래 한국이 가진 가장 중요한 레버리지다. 그러나 '선불' 요구는 이 레버리지를 협상의 대가로 활용할 기회 자체를 박탈한다. 돈을 먼저 낸 한국은 이후 어떤 불리한 조건이 제시되어도 저항할 힘을 잃게 된다.

셋째, 심리적·도덕적 우위를 확보한다. '선불'은 채권자가 채무자에게 요구하는 방식이다. 트럼프는 이 구도를 통해 자신을 '당연히 받아야 할 것을 요구하는' 채권자로, 한국을 '의무를 다해야 하는' 채무자로 위치시킨다. 이 프레임은 트럼프의 요구를 정당화하고 한국의 반발을 부당한 것으로 보이게 만든다.

2. 경제적 공포 확산

트럼프 압박의 두 번째 단계는 한국인의 무의식에 각인된 'IMF'에 대한 트라우마를 소환하는 것이다.

외환보유액 80%라는 구체적 수치는 한국 국민들에게 1997년 IMF 금융위기를 환기시킨다. 당시 국가부도 사태로 인한 대량 실업, 가족 해체, 중산층 붕괴의 기억은 한국 사회에 '큰 두려움'으로 각인되어 있다. '제2의 IMF'라는 표현만으로도 국민적 공포가 촉발될 수 있는 이유다.

트럼프는 바로 이 공포를 협상 압박의 지렛대로 활용한다. 실제 협상 구조를 보면 그 메커니즘이 명확해진다.

한국은 '제2의 IMF'를 피하기 위해 당초 합의했던 3,500억 달러보다 훨씬 낮은 투자액을 제안할 수도 있다. 하지만 이럴 경우, 트럼프는 '약속 불이행'을 명분으로 더 높은 관세를 부과할 가능성이 높다. 반대로, 협상이 결렬되면 트럼프는 이를 계기로 더 높은 관세를 부과할 것이며 이는 또 다른 경제 위기로 이어질 수밖에 없다. 어떤 선택을 하든 한국으로선 경제적인 타격을 감수할 수밖에 없는데, 한국은 '제2의 IMF'라는 최악의 시나리오를 막기 위해 불리한 조건을 수용하는 방향으로 나아갈 가능성이 크다.

반면 트럼프는 전혀 급할 것이 없다. 막대한 투자를 유치하든, 높은 관세를 부과하든 어느 쪽이든 미국의 이익에 부합하기 때문이다. 한국 정부는 '굴욕적 타협'이라는 정치적 부담을 안게 되겠지만, '제2의 IMF'라는 잠재적 위기를 회피하기 위해선 사실상 다른 대안이 없는 상황이다. 트럼프가 구축한 것은 협상의 장이 아닌, 일방적인 굴복을 강요하는 구조다.

더 심각한 문제는 이번 협상이 남길 장기적 영향이다. 한국이 IMF 공포 때문에 불리한 조건을 수용했다는 선례가 일단 만들어지면, 트럼프는 향후 모든 한미 협상에서 동일한 압박 전술을 반복할 수 있다. 방위비 분담금 협상에서도, 무역 협상에서도, 기술 이전 요구에서도 트럼프는 같은 공식을 적용할 것이다: **과도한 요구 → IMF 공포 자극 → 한국의 굴복**

즉, 트럼프의 전략은 단순히 이번 협상에서 단기적 이익을 얻는 것을 넘어선다. 그의 진짜 목표는 한국의 협상 자율성 자체를 구조적으로 약화시키는 것이다. 한 번의 굴복이 다음 굴복을 더 쉽게 만드는 악순환 구조가 형성되며, 한국은 점점 더 미국의 요구를 '거부할 수 없는' 입장으로 몰리게 된다. 이것이 바로 트럼프식 '언어 무기화' 전략의 가장 위험한 장기적 효과다. 단 한 번의 공포 유발이 향후 수십 년간 한국의 전략적 자율성을 제약하는 족쇄가 될 수 있다.

3. 정치권 내부 분열 촉발

이러한 외부의 압박은 즉시 한국 내부의 정치적 균열로 이어진다. 트럼프의 전략은 한미 관계뿐만 아니라, 한국 사회 자체를 흔들어 내부 분열을 촉발하는 것이다.

캐나다의 경험이 이 메커니즘을 명확히 보여준다. 트럼프가 캐나다를 "미국의 51번째 주"로 만들겠다고 발언하자, 캐나다 국내 정치는 즉각 분열됐다. 야당은 트뤼도 총리가 "트럼프에게 무시당하는 약한 지도자"라며 맹공을 퍼부었고, 집권 자유당은 "미국의 위협에 굴복하지 않는다"는 강경 입장과 "동맹 관계를 유지해야 한다"는 현실적 입장 사이에서 분열했다. 트럼프의 단 한 차례 발언이 캐나다 정부를 국내 정치적 교착 상태로 몰아넣은 것이다.

한국 역시 유사한 패턴을 경험하고 있다. 3,500억 달러 "선불" 요구가 나오자, 야당은 즉각 "이재명 정부의 굴욕적 외교가 초래한 참사"라며 정부를 공격했다. 반면 정부는 미국과의 공개적 대립을 피하면서도 국내 비판에 대응해야 하는 이중 압박에 직면하고 있다. 여당 내부에서도 "강하게 항의해야 한다"는 입장과 "동맹을 고려해 신중해야 한다"는 입장이 충돌하고 있다.

트럼프는 바로 이 분열을 의도적으로 조장한다. 동맹국 정부가 국내 정치 공방에 에너지를 소진하는 동안, 미국과의 실제 협상 준비는 뒤로 밀린다. 더 중요한 것은, 정치권이 분열될수록 정부의 협상 입장이 약화된다는 점이다. 야당과 여론의 '굴욕적 외교' 비난을 의식한 정부는 강경한 태도를 보여야 하지만, 동시에 미국과의 관계 악화를 감수할 수 없어 실제로는 양보할 수밖에 없는 모순적 상황에 갇히게 된다. 캐나다에서 트럼프의 압박과 국내 정치적 공격이 결합되어 트뤼도를 사임으로 몰아간 것처럼, 한국 정부 역시 점점 더 좁아지는 선택지에 직면하고 있다.

결국 트럼프의 노골적 언사는 단순한 협상 전술을 넘어, 동맹국 내부의 정치적 결속력 자체를 해체하는 전략적 무기가 된다. 분열된 정부는 일관된 대응 전략을 수립할 수 없고, 이는 곧 협상 테이블에서 미국에 유리한 결과로 이어진다.

언어가 무기가 될 때: 생존을 위한 조건

트럼프식 외교는 예측 불가능한 즉흥극이 아닌, 주권 격하, 경제 공포 주입, 내부 분열 조장이라는 교묘한 3단계 압박 전술이다. 이 단계들은 서로를 증폭시켜 동맹국을 내부로부터 무너뜨리고, 정치적 마비 상태에 빠뜨리는 것을 목표로 한다.

따라서 이 전술의 진정한 위협은 단기적 손실을 넘어, '공포를 통한 굴복'이라는 위험한 선례를 남기는 데 있다. 한 번의 굴복은 향후 모든 협상을 제약하는 족쇄가 되어 구조적 종속을 만든다. 결국 트럼프의 전략에 맞설 유일한 해법은 '내부적 결속' 뿐이다. 외부의 위협에 맞선 초당적 단결과 사회적 합의만이 대한민국의 외교 자율성을 지킬 수 있는 길이다.

CHAPTER 13

현실을 조작하는 무기, 프레임(Frame) 전술

트럼프식 외교는 공격적인 언사를 통해 동맹국을 내부에서부터 붕괴시키는 정교한 전술이다. 하지만 그의 가장 강력한 무기는 따로 있다. 바로 사실(Fact)과 싸우는 대신, 대중의 인식 자체를 재설계(Re-Frame)하여 사실을 무력화시키는 새로운 현실을 창조하는 것이다.

이 새로운 현실 앞에서, 데이터와 논리에 기반한 합리적 외교는 무용지물이 된다. 상대가 아무리 정확한 통계를 제시해도, 트럼프가 재설계한 '왜곡된' 현실이 그것을 압도한다. 캐나다가 겪은 '펜타닐 프레임' 전쟁은 이 메커니즘이 어떻게 작동하는지를 보여주는 완벽한 사례다.

트럼프의 '펜타닐 프레임': 신화 창조의 기술

트럼프 행정부가 사용한 무기는 지극히 단순하고 명료했다. 미세관국경보호국(CBP)의 데이터를 인용한 한 문장이었다. "북부 국경에서 43파운드의 펜타닐이 적발되었고, 이는 전년 대비 2,050%라는 엄청난 증가입니다."

이것은 객관적인 통계로 포장되었지만, 그 본질은 대중의 심리를 겨냥한 완벽한 발사체였다. 이 한 문장은 제1장에서 분석한 '설득 스택'의 가장 깊은 층들을 정확히 관통했다.

- **큰 두려움**(Big Fear): "마약이 우리나라로 쏟아져 들어오고 있다." 이 메시지는 펜타닐 과다복용으로 자녀를 잃을 수 있다는 미국인들의 가장 원초적인 공포를 자극했다. 2,050%라는 숫자는 이성의 영역이 아닌, 감정의 영역에서 '거대한 위협'이라는 시각적 이미지를 만들어냈다.
- **정체성**(Identity): '우리나라(Our Country)'라는 단어는 외부의 위협에 맞서는 '미국인'이라는 부족적 정체성을 즉각적으로 소환했다. 이 프레임 안에서 캐나다는 더 이상 우호적인 동맹이 아닌, 미국의 순수성을 오염시키는 '위협적인 타자'로 전락했다.
- **열망**(Aspirations): 이 모든 것은 마약 유입을 막아 '미국을 다시 위대하게' 만들겠다는 국가적 열망과 교묘하게 연결되었다. 트럼프는 자신을 그 위협에 맞서 싸우는 유일한 수호자로 포지셔닝했다.

이 세 가지 강력한 감정의 조합은 '캐나다 때문에 미국이 위험하다'는 단순하고도 강력한 '왜곡된' 현실을 창조했다. 일단 이 프레임이 대중의 마음속에 자리 잡자, 구체적인 사실관계는 더 이상 중요하지 않게 되었다.

이성의 방패: 사실과 논리에 갇힌 캐나다의 반격

캐나다 정부는 즉각적으로 데이터와 논리로 반격에 나섰다. 펜타닐 밀매를 막기 위한 13억 달러 규모의 국경 강화 계획을 발표하고, 군사 장비와 추가 인력을 배치했다. 또한 트럼프 행정부가 제시한 데이터의 허점을 논리적으로 파고들었다.

- **데이터의 맹점:** CBP 데이터는 펜타닐의 '원산지' 정보를 제공하지 않았다. '북부 국경'에서 압수되었다는 사실이 곧 캐나다에서 유입되었다는 증거가 될 수는 없었다.
- **결정적 사실:** 캐나다 국경수비대(CBSA)와 연방경찰(RCMP)의 데이터를 교차 분석한 결과, 실제 캐나다를 거쳐 미국으로 넘어간 것으로 확인된 펜타닐의 양은 미국이 주장한 전체 압수량의 극히 일부인 5.5파운드에 불과했다. 대부분의 펜타닐은 멕시코 카르텔로부터 공급된다는 것이 법 집행기관의 공통된 증언이었다.

캐나다의 대응은 완벽하게 합리적이고 사실에 기반한 '이성의 방패'였다. 그러나 이 견고한 방패는 트럼프가 창조한 '왜곡된' 현실 앞에서 아무런 힘을 발휘하지 못했다. 미국의 여론은 조금도 움직이지 않았다.

사실의 무력함: 프레임은 어떻게 현실을 지배하는가

캐나다의 논리적 반박이 실패한 이유는 명확했다. 트럼프는 사실 관계를 바로잡으려 한 것이 아니라, 대중의 인식 속에 새로운 '현실'을 창조했기 때문이다. 사람들은 일단 감정적으로 형성된 현실을 믿기 시작하면, 그 믿음을 뒷받침하는 정보만 선택적으로 받아들인다(확증 편향, Confirmation Bias).

미국 대중에게 '펜타닐은 캐나다에서 온다'는 프레임은 이미 강력한 '현실'이 되었다. 캐나다가 제시하는 반박 데이터와 전문가들의 증언은 그들의 믿음과 충돌하는 불편한 소음, 즉 인지 부조화(Cognitive Dissonance)를 유발할 뿐이었다. 그들은 이 심리적 불편함을 해소하기 위해 캐나다의 논리정연한 주장을 '변명'이나 '거짓말'로 손쉽게 치부해 버렸다.

트럼프 행정부는 프레임(Frame)이라는 무기를 통해 사실에 기반한 모든 논리를 무력화시키고 전쟁의 규칙 자체를 바꿔버렸다. 이로써 한 가지 교훈이 명확해졌다. **사실(Fact)로 프레임(Frame)을 이길 수는 없다. 프레임에 맞서려면 더 강력한 프레임이 필요하다.** 더 이상 데이터로 싸워서는 안 된다. 이제부터는 '내러티브(Narrative)'로 싸워야 한다.

캐나다의 교훈: 한국은 무엇을 준비해야 하는가?

캐나다의 사례는 더 이상 남의 이야기가 아니다. 대한민국 역시 미국의 핵심 동맹국으로서, 언제든 유사한 '프레임 전쟁'의 대상이 될 수 있다. 실제로 우리는 이미 그 전조를 경험했다. 트럼프 1기 행정부 시절, 방위비 분담금 협상은 '안보 동맹'이라는 사실의 영역에서 '부유한 동맹국의 안보 무임승차'라는 감정의 영역으로 재설계되었다.

'한국이 공정한 몫을 내고 있지 않다'는 단순 명료한 프레임은 미국의 특정 여론을 자극했고, 한국이 제시한 복잡한 기여 내역(주한미군 주둔을 위한 부지 제공, 각종 세금 감면, 막대한 규모의 미국산 무기 구매 등)과 동북아 안정의 핵심축이라는 전략적 가치에 대한 설명은 힘을 잃었다. 이는 캐나다가 펜타닐 데이터로 반박했지만 실패했던 상황과 정확히 일치한다.

앞으로 닥쳐올 프레임은 더욱 정교하고 위험할 수 있다. 반도체나 전기차와 같은 첨단 산업 분야에서 '한국 기업이 미국의 일자리를 위협하고 기술을 훔쳐간다'는 프레임, 혹은 미중 전략 경쟁 속에서 '한국은 중국과 친밀하며 믿을 수 없는 파트너'라는 지정학적 프레임이 언제든 등장할 수 있다. 이러한 프레임들은 한번 형성되면 사실관계와 무관하게 대중의 인식 속에 깊이 뿌리내려 한미 관계의 근간을 흔들 수 있다.

따라서 한국의 대응은 캐나다의 실패를 반면교사로 삼아야 한다. 단순히 데이터와 사실관계를 제시하는 소극적 대응을 넘어, 미국의 대중과 정책 결정자들의 마음을 움직일 수 있는 우리만의 강력한 내러티브(Narrative)를 선제적으로 구축하고 확산해야 한다. 예를 들어, '한국은 단순한 동맹을 넘어, 미국의 번영과 안보에 필수적인 혁신 파트너이자 가치를 공유하는 혈맹'이라는 긍정적 프레임을 제시하는 것이 그 시작이 될 수 있다. 결국 미래의 외교 무대는 총성 없는 '프레임의 전쟁'이며, 그 승패는 누가 더 강력한 내러티브(Narrative)를 만들어내는가에 달려있다.

CHAPTER 14

캐나다의 운명을 건 관세 협상 전략

'사실(Fact)로 프레임(Frame)을 이길 수는 없다'는 뼈아픈 교훈은 캐나다의 전략을 근본적으로 바꾸는 계기가 되었다. 그리고 이제 더 큰 시험이 기다리고 있었다. '관세(Fariff)'라는 실질적 위협 앞에서 캐나다의 생존 전략은 무엇일까?

그 해답을 찾기 위해, 캐나다는 먼저 자신들이 마주한 냉혹한 현실을 직시해야 했다.

캐나다의 아킬레스건: 미국의 경제적 식민지

캐나다 경제는 미국이라는 거대한 그늘 아래 있다. 수치들이 그 냉혹한 현실을 증명한다.

- **절대적 수출 의존도:** 2024년 기준, 캐나다 총 상품 수출의 75% 이상이 미국으로 향했다.

- **GDP와 직결된 구조:** 대미 수출은 캐나다 GDP의 25% 이상을 차지했다.
- **불균형한 타격:** 골드만삭스의 분석에 따르면, 트럼프의 관세는 캐나다 GDP의 3.2%에 달하는 피해를 줄 수 있으며, 이는 전 세계적으로 캄보디아, 베트남 다음으로 높은 수준의 타격이었다. 멕시코(2.1%)나 EU(0.6%)와는 비교가 불가능한 수치였다.

트럼프 행정부는 이미 캐나다의 핵심 산업을 겨냥한 구체적인 관세안을 발표하며 압박의 수위를 높였다.

관세 대상 품목	관세율	2024년 수출액(억 달러)	총 수출 비중
철강 및 제품	50%	19	3.2%
알루미늄	50%	16	2.7%
구리	50%	6	1.0%
경량 차량[1]	25%	45	7.5%
자동차 부품[2]	25%	20	3.3%
기타 상품[3]	35%	494	82.3%
총 상품 수출		600	100.0%

1) 미국산 부품 45% 포함 가정
2) 2027년부터 발효 예정
3) USMCA(미국-멕시코-캐나다 협정) 원산지 규정을 준수하는 제품은 면제

여기에 더해 중장비 트럭, 의약품, 항공기, 목재, 반도체, 핵심 광물 등 500억 달러 규모의 6개 부문에 대한 추가 관세 여부를 검토 중이다. 이는 캐나다 경제를 뿌리부터 흔들 수 있는 실질적인 위협이다.

'나쁜 합의'가 '합의 없음'보다 더 나쁜 7가지 이유

궁지에 몰린 상황에서 트럼프 행정부가 제시하는 '합의'는 달콤한 유혹처럼 보일 수 있다. 하지만 캐나다는 이것이 더 위험한 덫임을 간파했다. '나쁜 합의'는 단기적 이익을 위해 장기적 협상 주도권을 완전히 포기하는 것이었다.

1. **트럼프의 '합의'는 구속력이 없다:** 그의 무역 합의는 구속력 없는 양해각서에 불과하며, 의회 비준 조약조차 무시해왔다. 언제든 '비상사태'를 명분으로 관세를 재부과할 수 있기에, 캐나다의 양보는 무의미해질 가능성이 높다.
2. **캐나다 산업의 자본 유출 가속화:** 영구적인 관세를 받아들이는 것은 캐나다의 투자 매력을 상실시켜 생산 시설의 해외 이전을 가속화할 뿐이다. 차라리 '불확실성'이 관세가 일시적일 것이라는 희망을 주어 투자를 유지시킨다.
3. **캐나다의 보복 능력 무력화:** 나쁜 합의는 캐나다의 보복 조치 능력을 스스로 포기하는 '일방적 무장 해제'와 같다. 이는 미국 기업의 캐나다 시장 지배력을 강화하고 캐나다 기업의 경쟁력을 약화시킬 것이다.
4. **캐나다 전략 산업에 대한 치명적 타격:** 관세 표적인 철강, 자동차, 항공우주, 반도체, 핵심 광물 등은 캐나다의 고부가가치 제조업의 핵심이다. 이 산업들이 무너지면 캐나다는 단순한 '원자재 공급국'으로 전락할 위험이 크다.
5. **국제 공조 대응 약화:** 캐나다가 일방적으로 굴복하면, 비슷한 압력을 받는 EU, 멕시코 등 다른 국가들과의 연대 가능성이 사라지고 국제적 공조 전선에 균열을 일으킨다.

6. **미래의 레버리지 상실:** 트럼프의 관세는 미국 내에서도 기업과 소비자에게 피해를 주고 인플레이션을 유발하며 정치적 압력을 가중시키고 있다. 섣부른 합의는 이 압력을 해소할 '탈출구'를 제공하여, 트럼프의 행동을 억제할 유일한 힘을 스스로 포기하는 셈이 된다.
7. **트럼프의 취약한 시기에 '승리' 안겨주기:** 지지율 하락, 재정 긴축, 이민 정책 반대 등 트럼프는 국내 정치적으로도 흔들리고 있다. 불리한 합의는 그에게 절실한 '정치적 승리'를 안겨주어, 그의 권력 기반을 오히려 강화시켜주는 결과를 낳는다.

캐나다의 숨겨진 무기: 경제적 자산을 협상 레버리지로

수세에서 벗어나기 위해, 캐나다는 자신들이 가진 경제적 자산을 협상 레버리지로 전환하기 시작했다. 캐나다는 미국에게 단순한 이웃 국가가 아니었다.

- **미국의 최대 수출 시장:** 캐나다는 연간 4,400억 달러 규모의 미국 상품과 서비스를 구매하는 최대 고객이다. 이는 중국의 두 배가 넘는 규모다.
- **미국 산업의 필수 공급원:** 캐나다의 대미 수출 중 4분의 3은 미국 기업이 제품을 만드는 데 필수적인 산업 투입물이다. 캐나다의 공급이 끊기면 미국 공장이 멈춘다.
- **균형 잡힌 무역 파트너:** 미국은 다른 나라에 1달러를 수입할 때 75센트만 수출하지만, 캐나다에는 93센트를 수출한다. 캐나다와의 무역 단절은 미국의 무역 불균형을 더욱 심화시킨다.

이것들은 단순한 통계가 아니었다. 이것이 바로 캐나다의 협상 카드였다. 트럼프가 '미국이 피해를 보고 있다'는 주장으로 여론을 움직일 때, 캐나다는 '캐나다 없이는 미국 경제가 작동할 수 없다'는 객관적 사실에 기반한 대응 논리를 구축해야 했다.

캐나다의 새로운 전략: 팔꿈치 세우기(Raising Elbows)

이제 더 이상 방어만 하지 않고, 필요하다면 상대에게 경제적 압박을 가할 수 있다는 의지를 보여줄 때가 되었다. 이는 '팔꿈치 세우기'라는 공세적 전략으로 구체화되었다.

- **표적 보복 관세**(Targeted Counter-tariffs): 미국 특정 지역구의 핵심 산업을 겨냥하여 정치적 압력을 극대화하면서, 캐나다 경제의 피해는 최소화하는 정교한 보복 관세를 즉시 시행할 준비를 한다.
- **비관세 조치**(Non-tariff Measures): 에너지, 알루미늄, 핵심 광물 등 전략적 수출품에 대한 수출세 또는 수량 제한을 통해 미국 공급망에 직접적인 충격을 준다.
- **미국 기업의 시장 접근 제한**: 캐나다의 공공 조달, 군사 구매, 규제 시장에서 미국 기업의 접근을 직접적으로 제한한다.
- **디지털 서비스세 재도입**: 미국 기반 빅테크 기업들만을 대상으로 디지털 서비스세를 재도입한다.
- **미국 해외 직접 투자**(FDI) **제한 검토**: 캐나다의 에너지, 핵심 광물, 은행 등 전략적 분야에 대한 미국의 신규 투자를 제한하는 방안을 검토한다.

과거 중국이 시장과 공급자로서의 힘을 활용하여 트럼프의 양보를 끌어냈듯, 캐나다도 자신들의 경제적 영향력을 보여줄 때가 온 것이다.

트럼프 시대 생존을 위한 행동 계획

이러한 전략적 방향에 따라, 캐나다는 트럼프 행정부의 공격에서 살아남고 주권 경제를 구축하기 위한 7가지 다차원적 행동 계획을 수립했다.

1. **강경한 협상 태세 유지:** '나쁜 합의'를 거부하고 모든 관세 및 비관세 조치를 동원할 준비를 한다.
2. **협상 장기화:** 의도적으로 협상을 지연시켜 미국 내 정치 · 경제적 압력이 고조될 시간을 확보한다.
3. **국내 투자 가속화:** 캐나다 산업, 인프라, 서비스 분야에 대한 투자를 가속화하여 미국 수출 의존도를 낮춘다.
4. **피해 기업 및 근로자 긴급 지원:** 관세로 피해를 입는 기업과 근로자에게 소득 지원 및 긴급 자금을 제공한다.
5. **전략 물자 비축:** 캐나다산 핵심 광물 등 전략 물자를 비축하여 산업 생존을 지원하고 미국 공급망에 대한 압력을 강화한다.
6. **자본 유출 방지 조치:** 자본 및 생산 자산의 해외 이전을 막기 위해 세금, 벌금, 시장 접근 제한 등 비전통적인 조치를 고려한다.
7. **국제 공조 강화:** 다른 국가들과 공동 대응을 준비하여 트럼프의 공격을 국제 무역 체제에 대한 위협으로 규정하고 공동으로 압박한다.

단순한 데이터 제시에만 의존하던 캐나다의 협상 전략은 이제 실질적인 경제적 압박 수단을 활용하고, 상대방의 정치·심리적 취약점을 파고드는 전략으로 진화하고 있다. 이것은 더 이상 수세적인 방어가 아닌, 캐나다의 주권과 번영을 건 공세적인 대응의 시작이었다.

CHAPTER 15

트럼프와 한국의 관세 협상 - 힘의 거래

2025년 9월 11일, 미국 상무부 장관 하워드 러트닉의 발언이 연일 언론을 장식하고 있었다. "합의를 받아들이든, 아니면 가파른 관세 폭탄을 맞든 둘 중 하나를 택해야 할 것이다." 그의 발언은 복잡한 현실을 두 개의 극단적인 선택지로 압축하여 상대의 퇴로를 차단하고 심리적 우위를 점하려는 계산된 전술이었다. 이러한 상황에서 대한민국은 어떻게 대응해야 할까?

과거를 넘어 현재로: 새로운 협상 원칙의 수립

과거 KORUS FTA 개정 협상의 성공 경험은 분명한 자산이었다. 당시 한국은 상대의 강경 발언 뒤에 숨은 진짜 목표를 분석하고, 관세 외 다양한 협력 카드를 활용하는 총체적 접근을 통해 국익을 지켜냈다. 이 합리적인 경험에 비추어, 이번에도 단순히 관세 문제에 매몰되지 않고 양국 관계의 판을 키우는 '전략적 경제 파트너십'이라는 고차원적 제안이 준비되었다. 조선, 반도체, 사이버 보안, 차세대 에너지 등 미국의 핵심 국익과 직결된 분야에서 한국이 대체 불가능한 파트너임을 역설하는 이 전략은 전통적인 외교 논리상 완벽한 방패처럼 보였다.

하지만 트럼프라는 예측 불가능한 협상가 앞에서는 이성적 대응만으로는 충분하지 않았다. 상대는 '상호 이익'이라는 합리적 계산이 아닌, '큰 두려움'과 '미국인'이라는 감성의 영역에서 움직이고 있었기 때문이다. '미국을 다시 위대하게(Make America Great Again)'는 단순한 경제 구호가 아닌, 정체성과 생존에 대한 절박한 외침이었다. 그 외침 앞에서 상호 이익이라는 논리는 힘을 잃을 수밖에 없었다. 따라서 대한민국은 논리적 방패를 넘어, 상대의 감정과 신념에 직접 말을 걸 수 있는 새로운 외교의 대본이 필요했다.

트럼프의 네 가지 가면(The Four Masks of Trump)

그 새로운 대본을 쓰기 위해서는, 먼저 트럼프라는 예측 불가능한 협상가를 정확히 분석해야 했다. **유진 코건**(Eugene B. Kogan) 교수의 연구는 그의 네 가지 지배적인 역할을 파악하는 중요한 틀을 제공한다.

1. **관찰자**(Observer): **상대의 약점을 꿰뚫어 보는 눈**. 트럼프는 협상 전 상대의 강점과 취약점을 철저히 관찰하여 자신의 지렛대를 극대화한다. 그는 상대의 감정에 공감하기보다 핵심 이해관계를 파악하는 데 집중한다. 직접적인 만남을 통해 상대의 본질을 파악하려 한다.

2. **연기자(Performer): 협상을 대중을 위한 공연으로 만들다.** 트럼프에게 협상은 그 자체로 대중을 향한 '공연'이다. 그는 언론과 미디어를 적극적으로 활용하여 협상 과정을 대중에게 생중계하듯 보여주며, 이를 통해 여론의 관심을 자신에게 이끈다. 협상이 시작되기도 전에 언론을 통해 무리한 요구를 공표하여 협상의 판을 흔들고 심리적 우위를 점하는 것이 그의 대표적인 방식이다. 방위비 분담금 협상에서 한국의 기여를 폄하하고 무임승차 프레임을 씌운 것은, 미국 대중의 감정을 자극하여 본인을 '미국의 수호자'로서의 이미지를 구축하는 정치적 연기다.
3. **통제자(Controller): 정보와 의사결정을 장악하다.** 트럼프는 하향식 의사결정을 선호하며, 정보와 결정권을 모두 통제하려 한다. 다자 협상보다 양자 협상을 선호하는 이유는 상대의 선택지를 줄여 협상 환경을 자신에게 유리하게 만들기 위함이다. 동맹국과의 관세 협상을 개별적으로 진행하는 것 역시 이러한 특성 때문이다.
4. **교란자(Disrupter): 예측 불가능한 위협으로 상대를 흔들다.** 본능적이고, 행동 지향적이며, 기존의 규칙을 무너뜨리는 교란자로서 트럼프는 예측 불가능성을 핵심 협상 도구로 사용한다. 그는 상대방의 협상 결렬 시 최적 대안을 끊임없이 깎아내리며, 자신의 제안을 받아들이지 않으면 예측 불가능한 분노에 직면할 것이라고 위협한다.

이 네 가지 역할은 그의 강압적인 '힘의 거래' 기술의 기반이 된다. 그는 선택지가 거의 없는 상대를 고르고, 상대의 대안을 폄하하며, 때로는 관대함을 베풀어 빚진 감정을 유발하고, 반드시 최고 책임자와 직접 협상하며, 부당한 대우를 받으면 몇 배로 되갚아준다. 이 모든 기술의 핵심은 상대에게 단 두 가지 선택지, 즉 자신의 화려한 제안, 아니면 협상 결렬과 감당할 수 없는 후폭풍을 제시하는 '구조화된 선택(Structured Choice)' 전술이다.

캐나다의 경험: 전통적 외교가 통하지 않을 때

캐나다의 사례는 이러한 비전통적 협상 방식 앞에서 전통적인 외교적 해법이 어떻게 무력화되는지를 생생히 보여주었다. 캐나다는 관세 협상에서 트럼프를 달래기 위해 디지털 서비스세 철회, 국방비 증액 등 신속한 양보라는 합리적 대응을 했지만, 트럼프는 계속해서 협상 목표를 이동시키고 의제를 무관한 분야까지 확장하며 캐나다를 압박했다. 소통 채널은 소수 측근에게 국한되었고, 로비 활동은 침묵하는 기업과 정치인들 앞에서 무용지물이 되었다. 캐나다의 합리적 대응책은 힘의 논리 앞에서 완전히 실패했다.

한국 외교의 새로운 대본: 담론, 구조, 그리고 힘의 균형

캐나다의 실패는 한국에게 중요한 교훈을 남긴다. 트럼프의 무대 위에서 그의 대본에 끌려다니지 않으려면, 한국 스스로의 대본을 써야 한다. 사실(Fact)과 데이터를 넘어 미국 대중의 감정을 파고드는 새로운 내러티브(Narrative)가 필요하다. 즉 트럼프의 '공연'을 우리가 원하는 방향으로 이끌어가기 위한 공세적인 여론 전략이 그 핵심이다. 한국의 국익을 극대화할 새로운 외교 대본은 우선 두 가지 축을 중심으로 전개되어야 한다.

관객과 소통하라: 협상가를 넘어 미국 전체를 설득해야 한다

첫째, 협상 테이블에 앉은 미국의 대표들을 설득하기에 앞서 먼저 미국 대중의 마음을 얻어야 한다. 만약 트럼프와의 협상이 결국 대중을 향한 '공연'이라면, 그의 마음을 움직일 수 있는 가장 효과적인 방법 또한 '관객'인 것이다.

그렇다면 일반 미국인들의 마음을 사로잡기 위한 구체적인 실행 전략은 무엇일까? 이는 단순히 정부 성명을 내는 차원을 넘어, 미국 사회 곳곳에 스며드는 다차원적인 접근이 필요하다.

1. 메시지를 단순하고 강력하게 만들어라: '가치'와 '이익'을 결합하라

복잡한 외교적 수사나 통계 수치는 대중의 마음에 와닿지 않는다. 메시지는 짧고, 감성적이며, 미국인들이 중요하게 생각하는 가치와 직접적인 이익을 담고 있어야 한다.

- 핵심 메시지 예시: "한국은 미국의 가장 믿음직한 동맹이며, 우리의 파트너십은 미국의 일자리를 만듭니다."
- 슬로건 활용: "Prosperity through Partnership(동맹을 통한 번영)"과 같이 기억하기 쉬운 슬로건을 만들어 모든 채널에서 일관되게 사용한다.
- 가치 강조: 자유, 민주주의, 혁신, '위대한 미국', 복음주의 등 미국인들이 자부심을 느끼는 가치를 한국과 공유하고 있음을 지속적으로 강조한다.

2. 미국 여론을 '우리 편'으로 만들어라: 워싱턴을 넘어 지역으로

오늘날 미국 여론이 형성되는 주요 공간은 워싱턴 D.C.의 주류 언론을 넘어, 각 지역 사회로 확장되었다. 백악관 브리핑에 대응하는 수동적 자세에서 벗어나, 다양한 지역 채널을 통해 우리가 원하는 내러티브(Narrative)를 스며들게 해야 한다.

- **주요 언론 기고**: 뉴욕 타임스(NYT), 월스트리트 저널(WSJ) 등 주류 언론에 대한 기고는 여전히 중요하다. 이는 정책 결정자와 오피니언 리더들에게 한미 동맹의 공식적인 명분을 제공하고, 다른 미디어 활동의 신뢰도를 뒷받침하는 앵커 역할을 한다.
- **지역 언론 공략**: 조지아, 텍사스 등 한국 기업의 공장이 있는 주의 지역 방송과 신문에 집중해야 한다. "현대 자동차 공장이 우리 지역에 일자리 5,000개를 만들었다"는 뉴스는 트럼프의 관세 위협보다 훨씬 강력한 메시지가 된다.
- **우호 네트워크의 심화**: 기존 언론인 중심의 관계에서 나아가, 싱크탱크 연구원, 학자, 산업 전문가, 그리고 각 지역 사회의 여론 주도층까지 네트워크의 범위를 넓혀야 한다. 이들과의 꾸준한 소통을 통해, 이들이 미국 사회 내에서 한국의 입장을 정확하게 이해하고 적극적으로 대변하는 역할을 할 수 있도록 관계를 구축해야 한다.

3. 소프트 파워를 전략적 자산으로 활용하라: 문화를 통해 마음의 벽을 허물어라

K-팝, K-드라마, 영화, 음식 등은 이제 단순한 문화 상품이 아닌, 미국의 대중에게 한국의 매력을 직접 전달하는 강력한 외교 자산이다.

- **문화와 산업의 연결**: "당신이 즐기는 BTS와 오징어 게임을 만든 창의적인 나라가, 바로 당신이 타는 자동차와 당신이 쓰는 반도체를 만드는 믿음직한 파트너 코리아입니다."라는 연결고

리를 만들어준다.

- **문화적 교류 확대:** 뉴욕이나 LA뿐만 아니라, 전통적으로 외교적 관심에서 소외되었던 중서부나 남부 지역에서 K-Culture 행사를 개최하여 미국인들의 삶 속에 친근하게 다가간다.
- **긍정적 이미지 구축:** 대중문화를 통해 형성된 '현대적이고, 역동적인' 한국의 이미지는 '안보 무임승차론'과 같은 낡은 프레임을 무력화시키는 효과가 있다.

4. 디지털 플랫폼으로 직접 소통하라: 여론전을 주도하라

소셜 미디어는 미국 대중과 직접 소통하고, 가짜 뉴스에 대응하며, 여론을 주도할 수 있는 가장 빠르고 효과적인 도구다.

- **타겟팅 광고:** 특정 지역(예: 경합주)이나 직업군(예: 제조업 노동자)을 겨냥하여 '한미 FTA가 당신의 삶에 가져온 혜택'과 같은 맞춤형 영상 광고를 페이스북이나 유튜브에 상영한다.
- **'미국인 인플루언서' 활용:** 한국 기업에서 일하는 미국인 직원, 한국 문화에 긍정적인 미국인 유튜버 등을 섭외하여 그들의 목소리를 통해 한국의 긍정적인 이야기를 전달한다.
- **맞춤형 콘텐츠 확산:** 소셜 미디어 플랫폼별 특성을 고려한 맞춤형 콘텐츠 확산 전략이 필요하다. 각 채널의 강점(예: 신속한 정보 전파, 영상 콘텐츠 확산, 심층적 토론 형성)을 파악하고 그에 최적화된 콘텐츠를 기획 및 배포해야 한다.
- **신속 대응팀 운영:** 트럼프나 미국 내 강경파가 한국에 대해 부정적인 발언을 할 경우, 이를 즉각적으로 반박하고 정확한 사실을 알리는 짧은 영상이나 카드 뉴스를 제작하여 소셜 미디어에 확산시킨다.

다자주의의 방패를 들어라: 공동 대응 전선 구축

둘째, 트럼프식 협상 전략의 핵심은 상대를 일대일 협상 테이블로 끌어들여 고립시킨 뒤, 압도적인 힘의 우위를 바탕으로 굴복시키는 것이다. 따라서 우리는 이 '일대일 구도' 자체를 우회하고, 다자주의의 틀 안에서 공동으로 대응하는 '연합 전선'을 구축해야 한다.

이 전략을 현실화하기 위한 구체적인 방안은 다음과 같다.

1. '가치 연대'를 통한 의제 선점

단순히 특정 현안에만 공동 대응하는 것을 넘어, 자유무역, 민주주의, 법치주의 등 공동의 가치를 공유하는 국가들과 연대해야 한다.

- **핵심 파트너 식별:** 유럽연합(EU), 일본, 캐나다, 호주 등 미국의 일방주의적 압박에 비슷한 우려를 가진 중견국(Middle Powers)들과 상시적인 전략 협의 채널을 구축한다.

2. 공동 대응 및 상호 보완

미국의 압박이 현실화되었을 때, 피해를 분산시키고 공동으로 대응하여 압박의 효과를 무력화해야 한다.

- **공급망의 상호 보완:** 미국이 특정 국가에 대한 핵심 부품 공급을 차단할 경우, 연대국들끼리 대체 공급망을 신속하게 구축하여 미국의 압박을 무력화하는 방안을 사전에 마련해 두어야 한다.

3. '미국 대안'의 제시

궁극적으로는 미국만이 유일한 선택지가 아님을 보여주어, 미국의 협상력을 구조적으로 약화시켜야 한다.

- **신흥 시장 공동 개척:** 인도, 아세안, 남미 등 잠재력이 큰 신흥 시장에 연대국들과 공동으로 진출하여, 대미 의존도를 점진적으로 줄여나가야 한다.

결론: 강자의 규칙을 다시 쓰는 법

트럼프의 '힘의 거래'는 우리에게 전통적 외교를 넘어선 새로운 지혜를 요구한다.

해법은 협상 테이블 너머에 있을지 모른다. 미국 대중에게 진심으로 다가가 조용한 공감대를 형성하고, 비슷한 고민을 가진 파트너 국가들과 연대하여 고립을 피하는 것이다.

CHAPTER 16

국경, 트럼프 2.0 시대의 핵심 전선

2025년 1월, 도널드 트럼프 대통령의 두 번째 임기는 그의 가장 상징적인 정책인 이민 문제에 대한 전면적인 공세로 시작되었다. 그의 재선은 국경 통제 강화를 요구하는 강력한 여론의 지지를 바탕으로 한 것이었기에, 이는 예견된 수순이었다. 2025년 초의 여론조사들은 미국인 대다수가 국경 상황을 국가의 주권을 위협하는 심각한 위기로 인식하고 있음을 보여주었다. 이러한 강력한 국내 정치적 동력은 트럼프 행정부가 전례 없는 수준의 강경 이민 정책을 추진하는 기반이 되었다.

이 정책들은 단순히 미국 내부 문제에 그치지 않았다. 그것은 국경을 맞댄 캐나다와, 법적·경제적 국경을 공유하는 대한민국에 각기 다른 형태의, 그러나 본질적으로는 동일한 도전을 제기했다. 캐나다는 물리적 국경에서, 한국은 비자 시스템이라는 보이지 않는 국경에서 트럼프의 '미국 우선주의'가 만들어낸 새로운 현실과 마주해야 했다.

캐나다의 최전선: 물리적 국경에서의 충돌

트럼프 행정부의 대규모 추방 작전과 망명 신청 자격의 강화는 즉각적인 연쇄 반응을 일으켰다. 미국 내에서 희망을 잃은 수많은 망명 신청자들이 유일한 탈출구로 캐나다 국경을 향하기 시작한 것이다. 이로 인해 양국 간의 '안전한 제3국 협정(Safe Third Country Agreement, STCA)'은 사실상 붕괴 직전에 이르렀다. STCA는 망명 신청자들이 처음 도착한 '안전한 국가'에서 망명 신청을 하도록 규정하지만, 수많은 이들이 퀘벡 주의 록섬 로드(Roxham Road)와 같은 비공식 국경 지점을 통해 캐나다로 유입되면서 협정의 실효성이 사라졌다.

이 위기 앞에서 캐나다는 기존의 외교적 접근법이 더 이상 유효하지 않음을 깨달았다. 트럼프 행정부를 상대하기 위해서는 그들의 관점을 먼저 이해해야 했다.

- **기존 시스템에 대한 불신:** 트럼프 행정부는 워싱턴의 관료주의와 국제 협약이 미국의 국익을 저해하는 족쇄라고 본다. 그들에게 STCA는 지켜야 할 약속이 아닌, 국경 통제 실패의 원인일 뿐이다.
- **결과 중심주의:** 과정의 정당성보다는 가시적인 결과를 중시한다. 국경을 넘는 이민자의 숫자를 줄이는 것이 유일한 성공의 척도다.
- **기술과 힘에 대한 신뢰:** 외교적 수사보다는 기술적 해결책과 일방적인 힘의 행사를 선호한다.

이러한 분석을 바탕으로 캐나다는 문제 '관리'에서 '해결'로 전략의 초점을 옮겼다. 캐나다는 단순히 늘어나는 망명 신청자에 대한 우려를 표명하는 대신, 트럼프 행정부의 목표인 '국경 통제'를 달성하는 데 캐나다가 더 효과적인 파트너가 될 수 있다는 점을 설명했다. 인공지능(AI) 기반 감시 시스템, 드론, 안면 인식 기술 등을 활용한 '북미 공동 스마트 국경' 구상을 제안하며, 캐나다를 '혁신적 해결사'로 재규정했다. 이는 국경 강화가 펜타닐과 같은 마약 밀매나 테러리스트 유입을 막아 미국의 안보에 직접 기여한다는 점을 부각하며, '우리 대 그들'의 프레임을 깨고 '공동의 위협에 맞서는 파트너'라는 새로운 관계를 설정하려는 전략이었다.

한국의 평행 도전: '보이지 않는 국경'을 지켜라

한편, 대한민국은 물리적 국경이 아닌 법적·경제적 국경, 즉 비자 시스템과 투자 환경에서 또 다른 싸움을 벌이고 있었다. 2025년 9월 4일, 조지아주에 위치한 현대자동차 협력업체 공장에 이민세관집행국(ICE) 요원들이 들이닥쳐 서류미비 노동자들을 연행한 사건은 시작에 불과했다. 곧이어 발표된 전문직 취업비자(H-1B)의 신규 신청 수수료 10만 달러 인상안은 미국에서 활동하는 한국의 핵심 기술 인력과 유학생들의 미래를 직접적으로 위협했다.

문제의 형태는 달랐지만, 해결을 위한 접근법의 본질은 같았다. 전통적인 외교 채널을 통한 항의나 설득은 '미국 우선주의'라는 거대한 흐름 앞에서 힘을 잃기 쉽다. 따라서 한국은 '이민자'라는 포괄적인 프레임에서 벗어나, 한국인 커뮤니티가 미국 사회에 기여하는 고유한 가치를 부각하는 새로운 논리를 개발해야 한다.

1. '합법'과 '불법'의 프레임을 명확히 하라

트럼프의 정책은 '불법 이민자'에 대한 대중의 반감을 동력으로 삼는다. 그러나 퓨 리서치 센터의 조사에 따르면 미국 여론의 70% 이상이 고숙련 기술 인력과 같은 '합법 이민자'는 국가에 도움이 된다고 믿는다. H-1B 비자 수수료의 급격한 인상은 바로 이 합법적이고 필수적인 인재들의 유입을 막는 모순적인 조치임을 명확히 지적해야 한다. 삼성, SK, 현대 등 한국 기업들이 미국 현지에 건설하는 반도체 및 전기차 공장의 성공이 바로 이들 핵심 인력에 달려있음을 강조하며, 한국인 인재들이 '미국의 일자리를 빼앗는 위협'이 아닌 '미국의 기술 리더십을 지키는 자산'이라는 프레임을 구축해야 한다.

2. '미국 우선주의' 논리로 반격하라

한국 인재와 기업의 활동이 궁극적으로 "미국을 다시 위대하게 만드는(Make America Great Again)" 목표에 어떻게 부합하는지를 구체적인 수치로 증명해야 한다. 10만 달러라는 장벽으로 한국의 우수 인재 유입을 막는 것은, 단기적인 수수료 수입을 위해 AI, 반도체 등 미래 산업 경쟁에서 중국을 이길 수 있는 핵심 동력을 스스로 포기하는 행위임을 명확히 알려야 한다. 텍사스와 애리조나에 건설되는 한국 기업의 공장들이 수만 개의 미국인 일자리를 창출하고, 그 공장들의 핵심 기술자들이 바로 한국인 H-1B 비자 소지자라는 사실을 직접적으로 연결시켜야 한다.

3. 논쟁의 판을 '비용'에서 '국가 경쟁력'으로 전환하라

미국 측이 "그렇게 필요한 인재라면 10만 달러를 내면 되지 않느냐"고 반문한다면, 이 문제를 단순한 '비용'의 문제가 아닌 '미국의 미래가 걸린 전략적 선택'의 문제로 전환시켜야 한다.

- **전제의 오류 지적:** 이 논쟁은 미국인 노동자와 외국인 노동자가 '대체 가능'하다는 잘못된 전제에서 출발한다. 그러나 특정 분야의 세계 최고 수준 인재는 국적을 불문하고 대체 불가능한 자산이다.
- **프레임 전환, '비용'이 아닌 '혁신세**(Innovation Tax)**'로:** 10만 달러는 외국 기업이 내는 비용이 아니라, 인텔, 엔비디아, 구글과 같은 미국 기업이 최고의 인재를 확보하기 위해 스스로에게 부과하는 '혁신세'다. 이는 미국 기업의 R&D 비용을 상승시키고, 결국 미국의 혁신 생태계 전체를 약화시키는 자해 행위다.
- **가장 큰 공포를 자극하라:** 이 '혁신세'가 초래할 궁극적인 위협은 바로 '중국에 대한 기술 패권 상실'이라는 가장 큰 두려움이다. 실리콘밸리에서 밀려난 한국의 최고 AI 인재가 향할 곳은 경쟁국인 중국의 기술 허브가 될 수 있다. 이 정책은 '미국 우선주의'를 표방하지만, 결과적으로는 미국의 가장 큰 경쟁자에게 최고의 두뇌를 넘겨주는 '미국 고립주의'로 귀결될 것임을 명확히 경고해야 한다.

트럼프 시대의 국경과 이민 정책은 감정과 여론이 지배하는 영역이다. 캐나다의 물리적 국경과 한국의 법적 국경, 이 두 전선에서의 대응은 단순히 정책 협상을 넘어, 미국의 복잡한 국내 정치를 이해하고 '미국 우선주의'라는 흐름 속에서 국익을 지켜내는 고도의 전략적 사고를 요구한다.

CHAPTER 17

암호화폐로 세계 패권을 노리는 트럼프의 야심

2025년 여름, 도널드 트럼프 대통령이 지니어스 법안(GENIUS Act)에 서명하면서, 세계 금융 질서의 지각 변동을 예고하는 신호탄이 울렸다. 한때 변방의 기술로 치부되던 디지털 자산, 그중에서도 스테이블 코인(Stable Coins)은 이제 단순한 암호화폐를 넘어, 각국 정부와 중앙은행의 신경을 곤두세우게 하는 지정학적 무기로 진화하고 있다. 이 모든 변화의 중심에는 미국의 깊어지는 재정 위기와, 그 위기를 새로운 패권의 기회로 삼으려는 트럼프 대통령의 과감한 정치적 계산이 자리 잡고 있다.

혼돈 속에서 태어난 안정: 스테이블 코인의 서막

비트코인은 2008년 금융 위기 이후 '금융 기관을 거치지 않는(without going through a financial institution) 혁명적인 P2P(peer to peer) 거래 시스템'을 약속하며 등장했다. 사토시 나카모토(Satoshi Nakamoto)의

백서가 세상에 던진 메시지는 명확했다. 그러나 비트코인의 고질적인 가격 변동성은 이를 실제 통화로 사용하기 어렵게 만드는 치명적인 약점이었다. 시장의 매수/매도 심리에 따라 하루에도 수십 퍼센트씩 요동치는 가치는, 안정적인 교환 수단으로서의 기능을 약화시켰다.

바로 이 지점에서 **스테이블 코인**(Stable Coins)이라는 새로운 형태의 디지털 화폐가 탄생했다. 비트코인처럼 블록체인 네트워크 위에서 작동하지만, 그 가치는 미국 달러나 유로 같은 특정 법정 화폐, 혹은 금과 같은 실물 자산에 일대일로 고정되어 변동성을 제거했다. 특히 압도적인 비중을 차지하는 **달러 스테이블 코인**(Dollar Stable Coins)은 전통적인 금융 시스템의 속도, 비용, 투명성, 가용성, 그리고 금융 포용성이라는 오랜 문제에 대한 해답을 제시하며 빠르게 확산되기 시작했다.

스테이블 코인의 장점

- **속도:** 은행을 통한 송금은 며칠이 걸리지만, 스테이블 코인은 거의 즉시 결제된다.
- **비용:** 여러 중개 기관을 거치지 않아 수수료가 현저히 낮다.
- **접근성:** 은행 계좌가 없는 사람들도 휴대폰만 있으면 글로벌 금융 시스템에 참여할 수 있다.

필리핀 해외 노동자들이 홍콩에서 벌어들인 돈을 고향으로 보낼 때, 기존 SWIFT 네트워크를 통한 송금은 며칠이 걸리고 수수료 부담도 컸다. 그러나 스테이블 코인을 활용하면 휴대폰 앱을 통해 거의 실시간으로, 수수료 없이 가족에게 돈을 보낼 수 있게 된 것이다. 이는 금융 시스템에서 소외되었던 이들에게 새로운 희망을 제시하는 듯 보였다.

워싱턴의 냉철한 계산: 부채와 패권의 방정식

그러나 워싱턴의 참모진들은 이 새로운 기술을 단순한 금융 도구로만 보지 않았다. 그들의 시선은 미국이 직면한 37조 달러($37 trillion)가 넘는 국가 부채와 그로 인해 급증하는 이자 비용에 고정되어 있었다. 2024년, 미국의 국채 이자 지불액은 이미 국방 예산을 초과하는 8,800억 달러에 달했다. 역사를 통틀어 패권국의 부채 서비스 비용이 군사 지출을 넘어설 때, 그 패권은 급격히 쇠퇴하는 징후를 보였다. 백악관의 핵심 인사들은 이러한 위기감을 공유하며, 새로운 해결책을 모색했다.

바로 이때, 스테이블 코인이 미국의 재정 위기를 해소하고 달러의 글로벌 패권을 강화할 전략적 도구로 급부상했다. 스테이블 코인 발행사들은 발행량만큼의 달러 또는 단기 미국 국채를 준비금으로 보유해야 한다. 전 세계적으로 달러 스테이블 코인 사용이 늘어날수록, 이들 발행사들은 더 많은 미국 국채를 매입하게 되며, 이는 미국 국채에 대한 막대한 수요를 창출한다. 실제로 현재 **테더**(Tether) 사가 보유한 미국 국채의 양은 한국과 독일 정부를 합친 것보다 많을 것으로 추산된다. 워싱턴의 계산은 명확했다. 스테이블 코인은 미국의 부채를 외부 자본으로 메우고 달러 패권을 공고히 할 '디지털 달러화'의 핵심 무기였다.

2025년 7월 18일, 트럼프 대통령은 **지니어스 법안**(GENIUS Act)에 서명하며 이러한 전략을 제도화했다. 이 법안은 스테이블 코인 발행 주체와 준비 자산을 명확히 규정하고, 테크 기업의 발행도 허용하며, 발행량만큼 달러 또는 단기 국채를 담보로 보유하도록 의무화했다.

지니어스 법안의 핵심:

- 소비자 보호: 강력한 준비금 요건(100% 달러 또는 단기 국채)과 월별 투명한 공개 의무.
- 달러 헤게모니(Dollar Hegemony) 강화: 스테이블 코인 발행사들의 미국 국채 수요 유발을 통해 달러의 글로벌 기축통화 지위 공고화.
- 불법 활동 방지: 자금세탁방지(AML) 및 대테러 자금조달(CTF) 규정 준수 의무화, 법적 명령 시 스테이블 코인 동결/압류 기술적 역량 요구.
- 혁신 촉진: 명확한 규제 프레임워크를 제공하여 디지털 자산 시장의 투자와 혁신을 유도.

트럼프 대통령은 자신을 "비트코인 대통령"으로 칭하며, 미국을 "세계 암호화폐의 수도"로 만들겠다고 공언했다. 그의 두 아들까지 암호화폐 플랫폼 **'월드 리버티 파이낸셜(World Liberty Financial)'**을 설립하고 **'USD1 스테이블 코인'**을 발행하는 등, 행정부의 전폭적인 지지는 분명한 메시지를 던졌다. 스콧 베센트(Scott Bessent) 재무장관은 향후 3년 내에 달러 스테이블 코인 시장 규모를 현재의 10배 이상인 2조 달러로 확대하는 것이 목표라고 밝혔다. 이는 단순히 기술 혁신을 수용하는 것을 넘어, 미국의 금융 패권을 디지털 시대에 맞춰 재구성하려는 대담한 정치적 계산이다.

디지털 달러의 부상과 자국 통화의 몰락

스테이블 코인은 단순한 기술 혁신이 아니라, 타국의 통화 주권을 겨냥한 금융 무기에 가깝다. 달러 스테이블 코인의 확산은 "각국의 중앙은행을 폐업시키겠다"는 것과 다름없다. 특히 자국 통화가 불안정한 국가에서는 달러 스테이블 코인이 빠르게 확산되어 국민들이 자국 통화를 외면하도록 만들고 있다.

현재 아르헨티나가 대표적인 사례다. 연간 인플레이션이 211%에 달하자, 페소(peso)화에 대한 신뢰는 바닥으로 떨어졌다. 젊은 세대는 월급을 받자마자 USDT와 같은 달러 스테이블 코인으로 바꾸는 것이 일상이 되었다. 상점들은 암호화폐 결제를 받고, 암호화폐 연동 직불카드가 흔하게 사용되고 있다. 남미 주요 국가에서는 이미 소액 결제의 30%가 스테이블 코인으로 이루어지고 있다. 한 전문가는 "스테이블 코인 덕분에 사람들이 페소에서 달러로 빠져나오기가 점점 더 쉬워지고 있으며, 이는 현지 정부에 큰 도전이 되고 있다"고 지적했다.

이러한 현상은 전통적인 은행 시스템에도 실존적 위협을 가한다. 사람들이 은행에 예금을 맡기는 대신 스마트폰 지갑에 스테이블 코인을 보유하게 되면서, 은행은 대출의 주요 자원인 예금 기반을 잃게 될 위험에 처한다. JP모건 같은 대형 은행들이 자체 스테이블 코인(JPM 코인) 개발에 나선 것은 이러한 위협에 대한 필사적인 대응으로 볼 수 있다. 기존 금융 기관과 거대 테크 기업 간의 새로운 금융 생태계 주도권 싸움이 시작된 것이다.

또한 스테이블 코인은 비자(Visa)나 마스터카드(Mastercard)와 같은 기존 결제 기업들에게도 직접적인 도전을 제기한다. 블록체인 기반의 직접적인 P2P 전송 방식은 수수료가 거의 없다는 압도적인 강점을 가졌다. 지난해 스테이블 코인 결제액은 이미 비자와 마스터카드의 합산 거래량을 넘어섰다. 마스터카드가 서클(Circle)과 협력하여 스테이블 코인 결제를 공식 지원하기 시작한 것은, 변화하는 흐름에 적응하지 못하면 도태될 수 있다는 냉혹한 현실을 인정한 것이다.

AI 연결고리와 빅테크의 야망: 미래 화폐의 지배자들

트럼프 행정부의 스테이블 코인 전략이 더욱 강력해지는 또 다른 이유는 인공지능(AI) 시대의 도래와 맞닿아 있다. 전문가들은 미래 경제의 주역이 인간이 아닌 AI 에이전트(AI Agent)가 될 것이라고 내다본다. 스마트 농장의 AI가 작물 성장을 모니터링하고, 판매 전략을 결정하며, 투자자에게 수익을 배분하는 시대가 오는 것이다. 냉장고 AI가 부족한 식료품을 감지해 이커머스 플랫폼에 자동으로 주문하는 모습은 이미 현실이 되고 있다.

문제는 AI 에이전트가 기존의 법정화폐 시스템과 상호작용할 수 없다는 점이다. 법정화폐는 프로그램이 불가능하며, AI가 접근할 수 없는 시스템 내에 존재한다. 그러나 스테이블 코인은 '프로그램이 가능한 돈'이라는 사실이다. 코드로 정의된 규칙에 따라 AI가 명령을 실행하고, 주문을 넣고, 결제를 처리할 수 있는 AI 화폐인 셈이다. 한 전문가는 "미래에 결제를 할 주체는 인간이 아닌 AI가 될 것"이라며, "따라서 AI가 이해하고 사용하는 돈이 지배적인 교환 수단이 될 것이며, 이 역할의 선두 주자는 달러 기반 스테이블 코인이다"라고 예측하고 있다.

여기에 빅테크 기업들의 참여는 판도를 완전히 뒤흔들 것이다. 과거 메타의 리브라(Libra) 프로젝트는 여러 통화 바스켓에 고정되어 달러의 지위를 위협한다는 이유로 미국 규제 당국에 의해 좌절되었다. 그러나 지금은 메타, 아마존, 테슬라, 구글 등 수십억 명의 사용자를 거느린 거대 기업들은 달러 기반 자체 스테이블 코인 발행을 준비하고 있다. 결제는 '아마존 코인' '구글 코인' 또는 '메타 코인'으로 이루어지지만, 그 뒷단에는 언제나 미국 달러가 존재하게 될 것이다. 이는 트럼프 행정부의 디지털 달러 전략과 완벽하게 일치한다.

이는 단순한 결제 편의를 넘어, 미국의 금융 패권이 민간 빅테크 기업의 네트워크를 통해 전 세계로 확장되는 새로운 형태의 경제적 지배를 의미한다.

글로벌 반응과 전략적 딜레마: 한국의 선택은?

미국의 이러한 대담한 전략에 전 세계는 촉각을 곤두세우고 있다. 유럽연합(EU)은 **MiCA**(Markets in Crypto-Assets) 규제를 통해 유로화 기반 스테이블 코인을 장려했지만, 유럽 시장에서 현재 유로화 스테이블 코인의 비중은 0.2%에 불과하고, 99.8%는 달러 기반이다. 이는 기축통화의 강력한 네트워크 효과를 여실히 보여주는 사례다. 중국은 중앙 통제권을 유지하기 위해 암호화폐 거래를 금지했지만, 디지털 달러화의 위협을 인식하고 홍콩을 통해 홍콩 달러 기반 스테이블 코인 발행을 준비하며 달러 패권에 대한 견제에 나서고 있다.

대한민국은 이러한 거대한 흐름 속에서 중대한 전략적 딜레마에 직면한다. 국회에는 원화 기반 스테이블 코인 관련 법안 6건이 제출되어 있었지만, 한국은행은 자본 유출, 자금 세탁, 이자율 통제권 상실 등을 우려하며 신중하게 접근하고 있다.

그러나 전문가들의 시각은 다르다. 원화 스테이블 코인에 집중하는 것은 전략적 오판이라는 주장이 힘을 얻고 있다. 오태민 교수는 "달러 스테이블 코인의 핵심은 네트워크 그 자체다. 원화로 변환될 수는 있지만, 원화는 (글로벌 네트워크에서) 달러로 변환될 수 없다. 결제 '고속도로' 자체가 달러로 움직인다. 삼성, 네이버, 카카오 같은 기업들이 그 고속도로 위에서 사업을 할 수 있도록 지원해야 한다"고 강조했다. 필리핀이나 태국에서 달러 스테이블 코인는 원화 스테이블 코인과 달리 '변신 로봇'처럼 각 국가의 화폐로 쉽게 변신할 수 있는 글로벌 망의 역할을 하기 때문이었다.

이미 한국에서는 외국인 노동자들이 고용주에게 급여를 달러 스테이블 코인으로 요구하는 사례가 나타나고 있다. 은행을 거치지 않고 필리핀 가족에게 직접 송금하기 위함이다.

결론: 트럼프의 냉철한 계산

2025년 여름, 트럼프 대통령이 서명한 **지니어스 법안**(GENIUS Act)은 냉철하면서도 대담한 정치적 계산의 산물이다. 37조 달러($37 trillion)에 달하는 천문학적 부채에 짓눌린 미국이, 역설적으로 암호화폐라는 디지털 자산을 통해 달러 패권을 재강화하려는 전략적 시도이기 때문이다.

트럼프의 계산은 치밀하다. **달러 스테이블 코인**(Dollar Stable coins)은 미국에 세 가지 결정적 이익을 가져온다.

첫째, 전 세계 스테이블 코인 발행사들이 미국 국채를 담보로 보유하게 함으로써, 미국 국채에 대한 지속적이고 구조적인 수요를 창출한다.

둘째, 디지털 시대에 맞게 달러의 기축통화 지위를 재설계하여,

아르헨티나에서 필리핀에 이르기까지 각국 중앙은행의 통화 주권을 우회한다.

셋째, AI 에이전트가 주도할 미래 경제의 핵심 결제·금융 인프라를 선점함으로써, 향후 수십 년간의 경제적 주도권을 확보한다.

결국, 트럼프의 지니어스 법안은 단순한 암호화폐 규제가 아니라, 21세기 디지털 질서 속에서 브레턴우즈(Bretton Woods) 체제를 재구성하려는 야심찬 제국의 전략인 셈이다.

PART 05

신념이 현실을 지배할 때

2016년 11월, 트럼프가 처음 대통령으로 당선된 직후, 그를 이해하고자 하는 다양한 분석들이 대거 제기되었다. 심리학자들은 나르시시즘을 진단했고, 정치학자들은 포퓰리즘을 논했으며, 역사학자들은 과거의 독재자들과 비교했다.

2024년 11월, 그가 두 번째로 당선되었을 때도 상황은 비슷했다. 수백 편의 논평, 수십 권의 책, 그리고 무수한 강의와 토론이 이어졌다. 그럼에도 불구하고, 트럼프가 '정확히 누구인지'에 대해 확신하는 사람은 거의 없다.

왜 그럴까?

그 이유는 의외로 간단하다. 대부분의 분석이 그의 외부 행동에만 초점을 맞췄기 때문이다. 그가 무엇을 했는지, 무엇을 말했는지, 누구를 공격했는지, 어떤 정책을 추진했는지.

하지만 행동은 결과일 뿐이다.

진정한 이해를 위해서는 그의 내면을 들여다봐야 한다.

그는 무엇을 믿고 있는가? 그의 마음 깊숙한 곳에 자리한 두려움은 무엇인가? 그리고 그는 궁극적으로 무엇을 이루고자 하는가?

두려움은 믿음을 낳고, 믿음은 신념이 되며, 신념은 행동으로 나타난다. 그 행동은 현실을 바꾸며, 강력한 신념은 수천만 명의 현실까지 재편할 수 있는 힘을 가진다.

이제 우리는 표면 너머로 들어가 그가 가슴속에 품고 있는 신념과 두려움을 살펴보며 공감하려 한다.

CHAPTER 18

신념의 탄생: 찰리 커크, 순교자가 되다

2025년 9월 10일, 유타 밸리 대학교 캠퍼스에서 울린 한 발의 총성은 결코 평범한 사건이 아니었다. 보수 청년 운동의 상징적 인물인 찰리 커크(Charlie Kirk)가 이 자리에서 목숨을 잃으면서, 그의 죽음은 곧 지지자들 사이에서 '순교'라는 강력한 서사로 받아들여졌다.

이 장에서는 트럼프가 커크를 어떻게 우상화하고, 그의 죽음을 전략적으로 연출하여 순교의 신화를 구축했는지를 살펴본다. 커크의 장례식은 단순한 추모 행사를 넘어, 집단적 정체성을 재구성하고 신념을 결집시키는 정교하게 설계된 의식이었다. 트럼프는 이 의식을 통해 자신의 MAGA 운동을 단순한 정치적 활동을 넘어 신성한 대의로 격상시키며, 지지자들에게 정치적 운동 이상의 의미를 부여했다.

찰리 커크, 트럼프의 젊은 자화상

찰리 커크는 트럼프 시대가 낳은 가장 뛰어난 전사였다. 그는 대학 캠퍼스에서 **"내가 틀렸다고 증명해봐**(Prove me wrong)"라는 팻말을 들고 논리적으로 토론하는 척했지만, 사실 그는 짧고 도발적인 영상과 말을 통해 젊은이들의 열정을 자극하는 역할을 수행했다. 상대방을 '위선자'로 낙인찍고, "민주당은 하나님이 싫어하는 모든 것"이라 선언하며 복잡한 정치를 '선과 악', '우리와 적'이라는 단순 명료한 구도로 갈라놓았다. 이 과정에서 그의 지지자들은 강력한 소속감을 느꼈고, 그 모습은 마치 트럼프 대통령의 젊은 자화상을 보는 듯했다.

암살: '사실'의 죽음과 '서사'의 탄생

사실 찰리 커크의 죽음은 극단적인 정치적 성향을 가진 어느 한 개인의 폭력 행위 때문이었다. 하지만 트럼프 대통령은 이 '사실(Fact)'에 머무르지 않았다. 그의 날카로운 정치적 본능은 이 비극을 강력한 무기로 재구성했다. 즉, 대중의 심장부에 **'큰 두려움**(Big Fear)'을 심고, **'승화된 정체성**(Exalted Identity)'을 부여할 수 있는 절호의 기회로 본 것이다.

트럼프의 보좌관들은 신속하게 새로운 현실을 설계했다.

1. **'큰 두려움'의 증폭:** 커크의 죽음을 개인의 일탈이 아닌, '급진 좌파의 조직적인 테러'로 규정했다. 이는 지지자들에게 '다음은

당신이 될 수 있다'는 실질적 공포를 심어주었다.

2. **'정체성'의 강화:** 이 공포에 맞서, 커크를 '미국 자유를 위한 순교자'로 격상시켰다. 그 결과, 그들은 더 이상 단순한 지지자가 아니라, 순교자의 피를 계승한 '신념의 군대'로 자리매김하게 되었다.

장례식: 새로운 현실을 '재결빙'하는 거대한 의식

2025년 9월 21일, 애리조나 스테이트 팜 스타디움에서 열린 찰리 커크의 장례식은 한 인간에 대한 추모식이 아니었다. 그것은 수십만 명의 마음속에 '신념의 군대'라는 승화된 정체성을 부여하는 거대한 '**재결빙**(Refreezing)' 의식이었다.

- **신비적 조작**(Mystical Manipulation): 트럼프는 커크를 '순교자'로, JD 밴스는 '기독교 신앙의 순교자'로 칭하며 그의 죽음을 신성한 서사로 편입시켰다. 이는 한 개인의 비극을 '신의 섭리'이자 '위대한 계획의 일부'로 포장하는 전형적인 정신 통제 기법이다.
- **언어 조작**(Loading the Language): 스티븐 밀러가 외친 "의로운 분노(righteous anger)"라는 구호는 지지자들의 복수심을 정당화하고, 정치적 반대 세력을 '악(evil)'으로 규정하는 강력한 사고 정지 언어였다.
- **교리 우위**(Doctrine over Person): 트럼프는 커크가 생전에 '적을 사랑하라'고 했던 사실을 언급하면서도, "나는 적들을 미워한

다"고 당당히 선언했다. 이는 개인의 신념(커크의 용서)보다 집단의 교리(트럼프의 복수)가 우위에 있음을 명백히 보여주는 순간이었다.

이 의식을 통해 찰리 커크라는 개인은 사라지고, '**성자 찰리**(Saint Charlie)'라는 강력한 상징이 탄생했다. 이 새로운 상징은 외부의 어떤 비판이나 사실로도 훼손될 수 없는, 완벽하게 굳어진 '**우상**(Idol)'이 되었다.

에리카 커크(Erika Kirk): 순교자의 아내, 새로운 '성모'의 탄생

미망인 **에리카 커크**(Erika Kirk)의 등장은 이 거대한 의식에 '성모'라는 강력한 무기를 더하며 서사를 완성시켰다. 그녀의 역할은 단순한 추모사를 넘어, MAGA 운동의 이념을 정서적으로 강화하고 정당화하는 고도로 계산된 연기였다. 그녀는 슬픔에 잠긴 아내의 모습과 신념의 전사라는 두 가지 역할을 완벽하게 오가며, 순교 신화를 대중의 심장부에 각인시켰다.

그녀는 살인자를 '용서'한다고 말하며 기독교적 관용을 실천하는 '성녀'의 모습을 보여주었지만, 이는 동시에 상대 진영의 폭력성을 부각하고 자신들의 도덕적 우위를 주장하는 교묘한 정치적 행위였다. 더 나아가, 터닝 포인트 USA의 새로운 CEO로 취임하며 "남편의 사명을 이어가겠다"고 선언한 것은 개인적 비극을 정치적 권력으로 전환하겠다는 명백한 의지의 표명이었다. 그녀가 외친 "이 미망인의 울음소리는 전 세계에 전투의 함성처럼 울려 퍼질 것"이라는 말은, 슬픔의 언어로 포장된 명백한 선전포고였다.

에리카 커크의 등장은 MAGA 운동이 단순히 남성 중심의 강력함을 넘어, '가족'과 '신앙', '희생'이라는 전통적 가치를 수호하는 운동이라는 이미지를 구축하는 데 결정적인 역할을 한다. 그녀는 남편의 죽음을 통해 순교자의 '아내'에서, 운동의 이념을 계승하는 새로운 '성모(聖母)'로 거듭났다. 그녀의 존재는 이 운동이 한 개인의 죽음으로 끝나지 않고, 세대를 이어 계속될 신성한 투쟁임을 보여주는 가장 강력하고 살아있는 상징이다.

결론: 총성 너머의 전쟁

찰리 커크의 죽음은 미국 민주주의에 깊은 상처를 남겼다. 그러나 더 두려운 것은 그 죽음이 소비되는 방식이다. 대화와 토론은 사라지고, 그 자리는 분노와 신념, 그리고 복수의 서사가 채워졌다. 이 사건은 트럼프 현상이 단순한 정치적 운동을 넘어, 수백만 명의 현실 인식을 재구성하는 거대한 사회심리 실험의 최종 단계에 도달했음을 보여준다.

그러나 이 비극이 드러낸 병증은 한쪽 진영에 국한되지 않는다. 커크 암살에 대한 일부 반대 진영의 '환호'는 또 다른 위험을 드러낸다. 누군가의 안타까운 죽음에서 기쁨을 찾는 태도는 철학자 **테오도르 아도르노**(Theodor Adorno)가 경고한 비인간화와 비판적 사고의 붕괴를 그대로 반영한다. 이제 적은 단순히 다른 견해를 가진 논쟁의 상대가 아니라, 파괴해야 할 상징으로 대상화된다.

대중문화와 소셜 미디어는 이러한 흐름에 기름을 붓는다. 미디어는 성찰을 무디게 하고, 이념적 순응을 장려하며, 정치를 구경거리로 바꾼다. 소셜 미디어는 알고리즘과 바이럴 효과를 통해 분노를 극대화하고, 복잡성을 단순화하며, 비극을 콘텐츠로 전락시킨다. 그 결과, 공인의 암살은 토론의 계기가 되지 못하고, 끝없는 '둠스크롤링(doom scrolling)' 속에서 즉각적 도파민 충전의 재료가 된다.

결국, 커크의 죽음은 한쪽에서는 '신념의 제물'로, 다른 쪽에서는 '구경거리'로 소모되었다. 이 비극은 오늘의 미국이 더 이상 단순한 정당 간의 대립을 넘어서 있음을 보여준다. 대화는 사라지고, 남은 것은 분노와 복수의 언어이며, 국가를 사랑하는 마음이 상대를 향한 혐오를 정당화하는 명분으로 전락했다. 커크의 죽음은 한 개인의 비극을 넘어서, 오늘날 미국의 변화된 모습을 비춰주는 거울이다.

CHAPTER 19

트럼프의 가장 깊은 믿음과 두려움

도널드 트럼프 2.0 시대. 취임 후 지난 10개월 동안 트럼프 대통령은 전례 없는 권력을 손아귀에 넣었다.

그 시작은 인간의 감정과 정체성을 공략하여 대중이 인식하는 현실을 재창조하는 것이었다(제1부). 이렇게 재창조된 현실을 발판 삼아, 그는 테크 기업들의 기술력과 거대 자본, 그리고 복음주의 신념을 결합해 강력한 지지 기반을 구축했다(제2부).

이 견고한 기반을 바탕으로 트럼프는 행정 권력을 극대화했다. 그는 '영구 비상사태'를 선포하여 법치 시스템을 무력화하고 사법부를 우회하는 방식으로 제도적 견제 장치를 약화시켰다(제3부).

국내에서 권력을 공고히 한 뒤, 그는 국제 질서 전반에 '미국 우선주의' 원칙을 관철시켰다(제4부).

그리고 이 모든 과정의 정점은 이념적 차원에서 완성되었다. 그는 찰리 커크의 죽음을 단순한 비극이 아니라 '순교'로 재구성함으로써, 자신의 정치 운동을 신성한 대의로 격상시켰다. 동시에 지지자들에게는 투쟁의 숭고한 정체성을 부여하여 결속력을 극대화했다(제5부).

그러나 트럼프 2.0 시대를 온전히 이해하려면 그의 외적인 행보를 넘어 내면의 세계로 시선을 돌려야 한다. 어쩌면 그의 모든 결정과 발언, 정책은 그의 마음 속 깊이 뿌리내린 믿음과 두려움의 산물일지 모른다.

따라서 이 장에서는 두 가지 질문에 초점을 맞춘다. **트럼프는 무엇을 믿는가? 그리고 그는 무엇을 두려워하는가?**

이 질문들의 답은 트럼프 2.0 시대를 살아가는 우리 모두의 미래를 가늠하는 나침반이 될 것이다.

2024년 대선: 9년 투쟁의 결실

2024년 대선은 단순한 정치적 대결을 넘어, 트럼프라는 존재를 제거하기 위한 워싱턴 기득권의 총력전이었다. 러시아 내통 의혹, 두 번의 탄핵, 1월 6일 위원회, 연이은 기소와 암살 시도까지, 모든 공격이 그를 겨눴다.

그러나 기득권의 총공세는 역설을 낳았다. 그를 향한 모든 공격은 지지자들에게 '우리'를 향한 공격으로 인식되었고, 법의 칼날이 그를 겨눌수록 그는 부패한 시스템에 맞서는 영웅으로 떠올랐다. 그의 머그샷은 패배의 낙인이 아닌, 불굴의 저항을 상징하는 아이콘이 되었다.

이러한 전장 속에서 등장한 **카멀라 해리스**(Kamala Harris)는 트럼프가 상징하는 모든 것과 완벽한 대조를 이루었다. 바이든의 갑작스러운 퇴진 후, 그녀는 단 한 표의 경선도 없이 민주당 엘리트들의 '대관식'을 통해 추대되었다. 그녀의 등장은 치열한 노력 없이 모든 것이 '주어지는' 특권층의 본질을 상징했으며, 실력과 성과가 아닌 소수 엘리트가 지명하고 조직이 밀어주는 정치의 산물로 비쳤다.

결국 2024년 선거는 정치적 대결을 넘어 '문화적 심판'이 되었다. 이는 미국인들의 핵심 가치, 즉 '노력과 성과를 통해 성공을 이룬다'

는 능력주의가 여전히 유효한가에 대한 질문이었다. 트럼프는 온갖 공격을 막아내며 자신의 방식으로 승리했지만, 해리스는 수많은 미국인들에게 그 자격을 입증하지 못했다.

결과는 명확했다. 미국인들의 선택은 트럼프라는 개인을 넘어, 민주당 특권층에 대한 거부이자 '땀 흘려 얻는 성공'이라는 미국의 근본 가치에 대한 재확인이었다. 9년간의 투쟁 끝에 얻은 승리는, 그가 평생에 걸쳐 구축해 온 신념 체계의 가장 극적인 증명이 되었다.

버틀러의 총성: 신화의 탄생

그러나 2024년의 승리를 진정으로 완성한 것은 투표가 아니었다. 그것은 펜실베이니아 버틀러에서 울린 한 발의 총성이었다.

2024년 7월 13일, 8발의 총성이 울렸고 총알 하나가 그의 귀를 스쳤다. 죽음의 문턱에서 그는 피를 흘리면서도 주먹을 불끈 쥐고 "Fight! Fight! Fight!"를 외쳤다. 피로 물든 얼굴로 미국 국기를 배경 삼아 저항을 외치는 그의 이미지는 단순한 사진을 넘어, 불굴의 의지와 신성한 보호의 상징이 되었다.

지지자들에게 이 순간은 명백한 '신의 도우심'이었다. 트럼프의 며느리이자 폭스 뉴스 주말 프로그램 <My View with Lara Trump> 진행자인 라라 트럼프(Lara Trump)는 "그가 암살 시도에서 살아남은 것은 신의 손길 덕분이었다"라고 선언했다. 트럼프 자신도 "신의 도우심이 내 생명을 구했다"고 말하며, 이 서사를 받아들였다. 버틀러에서의 생존은 더 이상 우연이 아닌, 그가 더 높은 목적을 위해 '선택받았다'는 신성한 증거가 되었다.

그 사건 이후, 그는 단순한 정치인이 아니라, 미국을 구원할 신성한 임무를 지닌 존재라고 스스로 믿기 시작했다.

자기 신념의 탄생: 어린 시절과 불안이 만든 트럼프

트럼프의 자기 확신의 근원은 공화당 이념도, 복음주의 신학도 아니다. 그것들은 목표를 위한 도구일 뿐, 그의 중심 신념은 '도널드 트럼프 자신'이다.

이 자기 확신의 밑바탕에는 어린 시절의 깊은 상처와 '약함'에 대한 원초적 공포가 자리한다. 임상심리학자이자 조카인 **메리 트럼프**(Mary Trump)는 저서 **Too Much and Never Enough: How My Family Created the World's Most Dangerous Man** (2020)에서, 아버지 프레드 트럼프에게 약함은 죄악이었고, 기대에 부응하지 못한 형 프레디는 경멸의 대상이었다고 지적한다. 형의 비극을 목격한 어린 도널드에게 '프레디처럼 되지 말 것'은 생존의 교훈이었고, 여기에 어머니의 장기 부재로 인한 정서적 유기까지 겹치며 그는 자신의 감정을 차단하고 약점을 숨기는 법을 터득했다. 결과적으로 그는 '킬러가 되거나, 아니면 패배자로 파괴되거나'라는 단순하고 냉혹한 세계관을 형성하게 되었다.

워싱턴 기득권의 끊임없는 공격은 이 두려움을 약화시키기는커녕, 오히려 강화했다. 세상은 자신을 파괴하려는 적들로 가득하며, 조금이라도 약함을 보이면 짓밟힐 것이라는 믿음은 더욱 공고해졌다. 모든 시련은 그의 자기애적 신념을 단단하게 다졌고, 자신이 모든 공격을 이겨내는 모습을 통해 위대함의 증거를 확인했다.

연기자와 본체의 융합: 신념의 완성

내면의 깊은 상처는 트럼프를 정치적으로 가장 강력한 인물로 만들었다. 그는 제1장에서 분석한 '설득 스택'의 핵심 요소인 '큰 두려움(Big Fear)'과 '정체성(Identity)'을 본능적으로 활용하며, 자신이 만든 세계관의 가장 열렬한 선봉자가 되었다.

버틀러 사건과 어린 시절 경험은 단순한 배경이 아니라, 그의 행동과 전략을 결정짓는 핵심 원동력이다. 그는 지지자들을 위해 '구원자'라는 역할을 연기했고, 결국 그 역할과 완전히 하나가 되면서 자신과 정치적 운동의 경계가 사라졌다. 그의 눈에 정책적 반대는 단순한 의견 차이가 아니라, 신성한 임무를 방해하는 '적(Enemy)'으로 인식되었다.

따라서 트럼프 2.0 시대를 움직이는 동력은 정책이나 이념이 아닌, 바로 이 한 개인의 내면 깊숙한 곳에 자리한 신념과 두려움이다. 그의 눈에 국가의 위기와 자신의 위기는 동일하며, 미국을 구원하는 길은 곧 자신을 향한 모든 위협을 제거하는 길과 같다. 제도, 법치, 동맹 등 기존의 모든 질서는 이 신성한 임무 앞에서 부차적인 것이 되거나, 혹은 제거해야 할 장애물로 전락할 수밖에 없다.

시진핑의 중국: 트럼프가 가장 두려워하는 상대

그러나 트럼프의 두려움은 국내 정치 무대에만 국한되지 않는다. 그의 가장 깊은 두려움은 어쩌면 시진핑의 중국에 패배하는 것일지도 모른다.

중국은 정치, 안보, 기술, 경제, 군사 등 글로벌 권력과 영향력의 모든 영역에서 미국에 도전할 수 있는 세계 유일의 국가이다. 트럼프에게 중국과의 경쟁은 단순한 무역 분쟁이나 지정학적 대립이 아니다. 그것은 자신의 정체성 그 자체를 위협하는 실존적 도전이다.

트럼프가 규칙 기반 세계 질서(rules-based world order)를 무너뜨리는 동안, 중국은 글로벌 패권 경쟁에서 점점 우위를 점해가고 있다. 이는 그의 내면에 깊은 불안을 야기한다. 2025년 9월, 중국이 일본 항복 80주년을 기념하는 군사 퍼레이드에 푸틴과 김정은을 초청하자, 트럼프는 시진핑이 미국에 대해 "공모하고 있다"고 비난했다. 권위주의 지도자들의 이러한 화려한 과시는 트럼프가 선호하는 스타일이지만, 동시에 글로벌 권력이 아시아로 이동하고 있고 그 중심에 자신이 없다는 사실을 보여주는 장면이기도 했다.

더 깊은 차원에서, 중국과의 경쟁은 트럼프의 핵심 자아상인 '승자(winner)'와 정면으로 충돌한다. 트럼프는 승리를 보여주고 싶어한다. 그러나 그의 승리는 대부분 자신보다 약한 상대를 향한 것이었다. 진정한 라이벌인 중국 앞에서 그는 결정적 대결을 회피한다. 패배의 두려움이 너무 크기 때문이다.

이것이 트럼프의 가장 깊은 두려움이다. 그는 승리를 갈망하지만, 진정한 도전 앞에서는 패배의 공포가 너무 커서 싸움 자체를 피한다.

그가 평생 믿어온 '거래의 기술'이 시진핑의 장기적이고 체계적인 접근 앞에서 무력해 보이는 순간, 그가 구축한 자기 신화는 균열을 맞는다.

중국의 신중한 시기는 끝났다. 베이징은 이제 훨씬 더 야심찬 노선을 추구한다. 중국이 미국의 국제 질서 후퇴로 생긴 공백을 적극적으로 채우는 동안, 트럼프는 자신이 만든 역설에 갇혀 있다. 그의 '미국 우선주의'는 국내에서 승리의 이미지를 만들어주지만, 장기적으로는 미국의 글로벌 영향력을 침식시키고 있다.

역사의 심판

이것이 트럼프가 맞닥뜨려야 할 가장 불편한 진실이다. 시진핑은 트럼프의 언어를 이해하지 못하는 것이 아니다. 오히려 그는 트럼프의 약점을 정확히 파악하고 있다. 그리고 트럼프가 가장 두려워하는 것—**역사에 패배자로 기록되는 것**—을 현실로 만들 수 있는 능력을 갖추고 있다.

바로 여기에 우리의 역할이 있다. 트럼프가 이 두려움을 직시하도록 돕는 것. 그에게 중국과 정면으로 맞설 용기를 주는 것. 회피가 아닌 대결을, 타협이 아닌 승리를 선택할 수 있도록 이끄는 것.

진정한 승리는 약한 자를 상대로 이기는 것이 아니라, 가장 두려운 상대 앞에서도 물러서지 않는 자다. 트럼프가 역사에 승자로 기록되기를 원한다면, 그는 자신의 가장 깊은 두려움과 마주해야 한다.

우리는 그에게 말해야 한다. 중국과의 대결을 피하는 것이야말로 패배를 확정짓는 길이라고. 시진핑 앞에서 물러서는 순간, 그가 평생 쌓아온 모든 것이 무너진다고.

그러나 만약 그가 이 두려움을 극복하고 중국과 정면으로 맞선다면, 그것이야말로 진정한 거래의 기술이 될 것이다. 역사는 도전을 회피한 자가 아니라, 가장 어려운 싸움에서 승리한 자를 기억한다.

트럼프에게 필요한 것은 자신의 두려움을 인정하고 맞서는 용기다. 그리고 그 두려움을 넘어서는 더 큰 용기다. 우리의 임무는 그에게 그 용기를 주는 것이다.

트럼프 2.0 권위주의의 서막

초판발행 2026년 1월 5일

지은이 한서진
펴낸이 안종만 · 안상준

편 집 전혜민
기획/마케팅 정성혁
표지디자인 BEN STORY
제 작 고철민 · 김원표

펴낸곳 (주) 박영사
서울특별시 금천구 가산디지털2로 53, 210호(가산동, 한라시그마밸리)
등록 1959. 3. 11. 제300-1959-1호(倫)
전 화 02)733-6771
f a x 02)736-4818
e-mail pys@pybook.co.kr
homepage www.pybook.co.kr
ISBN 979-11-303-9912-6 03340

정 가 17,000원